東大教授の「忠臣蔵」講義

山本博文

角川新書

はじめに

みなさん、「忠臣蔵」は知っていますか？

――はい、赤穂《あこう》藩の武士たち四十七人が、主君浅野《あさの》内匠頭《たくみのかみ》の仇《かたき》の吉良《きら》上野介《こうづけのすけ》を討った物語ですよね。

そうです。映画やテレビの時代劇になっているので、おおまかなあらすじは知っていると思います。この物語は、実際に起こった事件をもとにしています。歴史家は「忠臣蔵」とは言わず、「赤穂事件」と呼びますが、どうしてだかわかるでしょうか？

――「忠臣蔵」は歌舞伎の物語で、実際に起こった事件とは違うから、でしょうか？

そうです。赤穂事件は、当時から大評判になって、わずか12日後には『曙曾我夜討《あけぼのそがのようち》』が江戸中村座で上演されています。赤穂浪士の討ち入りを鎌倉時代の曾我《そが》兄弟の仇討《あだう》ちに仮託《かたく》したものですが、幕府は3日後に上演中止を命じています。

――忠義の物語なのに、なぜ幕府は上演中止を命じたのですか。

いいところに気づきましたね。赤穂浪士の討ち入りは、「幕府が命じた浅野内匠頭の切腹という処罰に異を唱えた」ということなので、いわば幕府批判なんですね。したがって、幕府はそれを英雄視し、庶民も大喜びという状況には神経質になっていたんです。

――それでも「忠臣蔵」は、江戸時代を通じて演じられていますよね。

はい。3年後の宝永《ほうえい》3年（1706）には、大坂の近松門左衛門《ちかまつもんざえもん》の脚本で、人形浄瑠璃《じょうるり》『碁盤太平記《ごばんたいへいき》』が上演されています。これは、赤穂事件を太平記の時代に仮託したもので、塩谷判官《えんやはんがん》（浅野内匠頭）、大星由良之助《おおぼしゆらのすけ》（大石内蔵助《おおいしくらのすけ》）、高師直《こうのもろのお》（吉良上野介）などの名前が生まれます。赤穂は塩で有名ですからすぐに浅野だとわかり、大星は大石のもじり、高は太平記の時代の人ですが、上野介の「こう」と掛けています。

その後もいろいろな形で赤穂事件モノが作られ、事件から47年目の寛延《かんえん》元年（1748）、竹田出雲《たけだいずも》らの脚本で人形浄瑠璃『仮名手本忠臣蔵《かなでほんちゅうしんぐら》』が作られ、大坂竹本座で上演されたんです。

――そのころ、幕府は何も言わなかったんですか。

事件は、もともと五代将軍徳川綱吉《とくがわつなよし》への批判で、その後は忠義を推奨する芝居として、幕府にとっても都合のよいものになりました。本来は幕府批判だったものが、その側面は忘れ去られ、忠義の物語になったのですね。

しかし、私は、赤穂浪士の討ち入りは「忠義」のためだとは思っていません。この講義では、史実としての赤穂事件を解説し、この事件の本質がどのようなものだったかを話していきたいと思います。

東大教授の「忠臣蔵」講義　目次

はじめに　3

第1章　刃傷松の廊下　～ドラマはここからはじまった

1　松の廊下の刃傷事件　16
◎江戸城、「松之大廊下」あたりの間取り図　23
2　浅野内匠頭の切腹　29
◎田村右京大夫邸のあったところ　31
◎江戸城とその周辺地図　33
◎浅野内匠頭が切腹した田村邸間取り図　35
◎吉良家の閨閥　43
3　浅野内匠頭はなぜ刃傷におよんだか　45
◎伝奏屋敷があったところ　47

◎浅野内匠頭上屋敷（鉄炮洲）があったところ　48
◎赤穂事件の流れ①　3月14日～3月15日　58

第2章　赤穂城開城　～揺れる赤穂藩

1　急報、赤穂へ　60
◎赤穂事件の流れ②　3月14日～3月20日　63
◎和時計の見方　71
2　籠城か、切腹か　73
3　堀部安兵衛ら、赤穂に下る　80
4　赤穂城引き渡し　86
◎大石内蔵助が渡した割符金　91
◎割符したお金や米の総額　93
◎残務整理を行った藩士　93
5　浅野内匠頭の法要　94

第3章　江戸急進派と大石内蔵助　～討ち入りか、浅野家再興か

1　大石内蔵助の山科隠棲　100
◎大石内蔵助の山科の隠棲地　102
2　浅野家再興の運動　107
◎赤穂浪士の落ちつき場所　113
◎赤穂事件の流れ③　3月20日～6月24日　114
3　江戸急進派の動き　115
◎吉良上野介の引っ越し先　117
◎吉良邸と美作屋善兵衛の店があったところ　119
4　浪士たちの再結束　123
◎赤穂事件の流れ④　8月19日～2月15日　133

第4章　御家再興運動の挫折　～脱盟していく同志たち

1　大石内蔵助の遊興　136
2　京都・円山会議　142
◎円山会議が開かれた安養寺と内匠頭の墓が建てられた大徳寺　144
◎箱根神社のあるところ　147
◎『預置候金銀請払帳』の内訳　149
3　神文返し　150
◎元禄14年12月、神文を大石内蔵助に提出した上方の旧赤穂藩士　153
◎赤穂事件の流れ⑤　元禄15年春～8月25日　159

第5章　討ち入り前夜　～時は至れり

1　大石内蔵助、江戸に入る　162
◎箱根から日本橋石町までのルート　164
◎赤穂浪士が購入した押し込み道具　167
2　討ち入り準備と脱盟者たち　169
◎赤穂浪士の江戸潜伏先（地図）　173
◎赤穂浪士の江戸潜伏先（一覧）　175
◎赤穂浪士の縁戚関係　177
3　赤穂浪士たちの手紙　181
4　討ち入り日の決定　194
◎討ち入りに参加した四十七士（席次順）　199
◎赤穂事件の流れ⑥　10月7日～12月13日　202

第6章　吉良邸討ち入り　～決戦の時

1　いざ、吉良邸へ　204
◎討ち入り前の集合場所だったところ　207
◎討ち入り時の配置と武器　211
◎吉良邸屋敷図　211
2　屋敷内での戦闘　212
◎吉良邸周囲の家　215
3　吉良上野介の首　221
◎吉良邸の死傷者一覧　227
4　泉岳寺引き揚げ　231
◎「夜討の翌朝芝邊にて見懸けたる義人之図」　234
◎泉岳寺までの道のり　235
◎吉良邸から両国橋までの地図　237

第7章　赤穂四十六士の切腹　～その後の赤穂浪士たち

1　四家に預けられた赤穂浪士たち　244
◎赤穂浪士を預けられた四家の屋敷があったところ　257
2　赤穂四十六士の切腹　259
◎細川邸での切腹の様子　267
◎泉岳寺と細川家下屋敷のあったところ　268
◎四十六士が切腹した屋敷と戒名　271
3　吉良左兵衛の処分と赤穂浪士の遺族　272

終章　泉岳寺墓所にて

◎泉岳寺赤穂義士の墓配置図　281

あとがき　288
本書で引用した史料ガイド　290
引用文献・参考資料　292
索　引　294

本書は、二〇〇三年十二月に中経出版（現、ＫＡＤＯＫＡＷＡ）から刊行された『忠臣蔵のことが面白いほどわかる本』を全面的に改稿し、新たに編集した角川新書版です。

第1章　刃傷松の廊下

～ドラマはここからはじまった

1 松の廊下の刃傷事件

元禄14年（1701）3月14日巳《み》の下刻（午前11時ごろ）、江戸幕府五代将軍徳《とく》川綱吉《がわつなよし》は、江戸城白書院において、年始の礼のため京都から下向《げこう》（都から江戸に来ること）していた勅使《ちょくし》（天皇の使者）・院使《いんし》（上皇の使者）からお暇《いとま》のあいさつを受けた。

江戸城での儀式全般を担当するのは、高家肝煎《こうけきもいり》（筆頭）吉良上野介義央《きらこうづけのすけよしひさ》で、饗応役《きょうおうやく》として若干名の大名が任命される。

このときの勅使饗応役は浅野内匠頭長矩《あさのたくみのかみながのり》（播州赤穂《ばんしゅうあこう》城主5万石《こく》）、院使饗応役は伊達左京亮村豊《だてさきょうのすけむらとよ》（伊予吉田城主3万石）だった。

吉良が、江戸城松の廊下で留守居番《るすいばん》の梶川与惣兵衛頼照《かじかわよそびょうえよりてる》と立ち話をしていたところ、勅使饗応役であった内匠頭が、

「此間《このかん》の遺恨、覚えたるか」

と言いながら、背後から小《ちい》さ刀《がたな》で吉良に斬りつけた。

吉良が驚いて振り返ったので、内匠頭の二太刀目は額に当たり、まゆの上を傷つけた。刀は、烏帽子《えぼし》の金具にも当たっていたから、大きな音をたてたという。

吉良は、あわてて向き直り、逃げようとした。内匠頭は、それを追いかけ、また二太刀ほど斬りつけた。

吉良と話をしていた梶川は、あわてて内匠頭を抱きとめ、内匠頭と同役の伊達左京亮や吉良の同僚の高家たち、坊主たちがその場に集まってきて内匠頭を止めた。吉良は、同役の高家たちに抱きかかえられて御医師の間（医師溜《だまり》）のほうへ連れていかれた。

内匠頭は、田村右京大夫建顕《たむらうきょうのだいぶたてあきら》（陸奥《む》一関《いちのせき》城主3万石）へお預けとなることになり、それまでは江戸城の大目付《おおめつけ》（大名の監察役。旗本から選出）部屋へ置かれた。吉良は、江戸城の自分の部屋に控えるよう命じられた。


（『梶川氏筆記』『元禄年録』より）

これが、赤穂事件の発端になった「松の廊下刃傷《にんじょう》事件」です。松の廊下は、浜辺の松林の絵が描かれた襖《ふすま》が続いていたのでこう呼ばれます。「大廊下」ともいいます。大切な儀式の日に、浅野内匠頭《たくみのかみ》が吉良上野介《こうづけのすけ》に斬りつけたんですね。

――それは、どんな儀式だったんですか？

幕府は、毎年正月に、朝廷に使者を遣《つか》わして年賀のあいさつをしています。するとあいさつを受けた朝廷も、答礼の使者を幕府に遣わします。浅野たちが命じられたのは、その使者を接待することでした。

この年の勅使は柳原前大納言資廉《やなぎはらさきのだいなごんすけかど》と高野前中納言保春《たかのさきのちゅうなごんやすはる》で、院使は、清閑寺《せいかんじ》前大納言《さきのだいなごん》熙定《ひろさだ》でした。勅使を遣わしたのは東山《ひがしやま》天皇で、院使を遣わしたのは霊元上皇《れいげんじょうこう》です。

この日は、天皇と上皇からの詔《みことのり》を伝える答礼の儀式や、使者を慰労するための能楽なども終わっていて、もう最後にその使者たちが京都に帰るにあたってお暇《いとま》のあいさつをする「公卿《くぎょう》辞見《じけん》」の儀式だけだったんです。

――あと少しのところだったんですね……。ところで、よく「高家《こうけ》」という言葉を聞きますが、具体的にはどんな家なんですか？

朝廷との連絡や江戸城の儀式を担当する家のことです。吉良家のほかにも、今川家など、室町時代以来続いた名門の家が任命されていました。家格が高い家、と思っている人もいるかもしれませんが、高家の「高」は、足利高氏《あしかがたかうじ》の「高」です。室町将軍の血筋を引く家、ということなんですね。

なかでも吉良は、高家肝煎の家柄でした。ちなみに、実名《じつみょう》の「義央」は「よしなか」ともされますが、『易水連袂録《えきすいれんべいろく》』のふりがなにより、「よしひさ」が正しいようです。この年に、朝廷への年賀の使者として京都にのぼったのも彼です。

江戸城での勅使や院使の接待も高家が担当するんですが、その手伝いとして、3～5万石ぐらいの大名が、勅使饗応役《きょうおうやく》や院使饗応役に命じられます。浅野は、この勅使饗応役に任じられていたんです。

ただ、接待の手伝いといっても単に手伝えばいいわけではなくて、それにかかる費用は、全部その手伝いをする藩でもたなくてはいけなかったんです。そういう役を務めることが、将軍に対する大名の奉公だったわけですね。大名個人にとっては名誉な役ではあるんですが、藩として考えると大変なお金がかかるわけですから、藩の家老《かろう》（大名の重臣。藩政を総括）などは、迷惑がっていたんじゃないかと思いますね。

――名誉を取るか、お金をとるか……。むずかしいところですね（笑）。ところで、小さ刀というのは、武士が持つふつうの刀とは違うんですか？

武士が2本差す刀の小さいほうのことです。脇差《わきざし》というほうがわかりやすいかもしれませんね。江戸城の中では、大刀は差してはいけないことになっていましたので、小さ刀だけを差していたんです。

――それにしても、300年以上も前のことが、よくここまで詳細にわかりますね。本当なのでしょうか？　脚色や創作は入っていないんですか？

この事件は、なんといっても江戸城内で起きた大事件ですから、通常に比べれば、史料が残りやすかったといえると思います。冒頭で紹介した場面は、旗本（27ページ）で留守《るす》居番《いばん》を務めていた梶川与惣兵衛《かじかわよそびょうえ》が、この日の出来事を日記風にまとめて残していたことでわかったんです。『梶川氏筆記《かじかわしひっき》』といいます。留守居番は、大奥の取り締まりにあたる役で、梶川与惣兵衛は、五代将軍綱吉の生母、桂昌院《けいしょういん》付でした。この梶川は、次のような証言をしています。

梶川与惣兵衛の証言

「誰やらん吉良殿の後《うしろ》より、此間《このかん》の遺恨《いこん》覚えたるかと声を掛け切付《きりつ》け申候《もうしそうろう》、（中略）上野介殿是《こ》れはとて、後の方へ振り向き申され候処《ところ》を、又切付けられ候故《ゆえ》、我等方《われらかた》へ向きて逃げんとせられし処を、又二太刀ほど切られ申候。上野介其侭《そのまま》うつ向きに倒れ申され候」

——だれかが吉良殿の後ろから、「此間の遺恨覚えたるか」と声をかけ、切りつけました。（中略）上野介殿が驚いて、後ろのほうへ振り向かれたところを、また切りつけられたので、私のほうへ向いて逃げようとされたところを、また二太刀ほど切られました。上野介殿は、そのままうつぶせにお倒れになりました。

梶川は、将軍綱吉の正室鷹司《たかつかさ》信子《のぶこ》の使いを務めることになっていて、大奥年寄岩尾《いわお》から信子の口上を聞いて、留守居番の部屋へ行ったんです。すると吉良から「お使いの刻限が早くなった」という伝言があったので、吉良を捜していました。

松の廊下に出ると、浅野が大広間の障子近くに坐っているのが見えたので、坊主衆に呼んできてもらって、自分が信子のお使いを務めることを伝えます。浅野は「心得ました」といって部屋に戻り、梶川はまた吉良を捜しにいきます。白書院のほうに吉良がいるのが見えて、また坊主衆に呼んできてもらって、吉良と松の廊下でふたりで話しはじめたところ、証言のように後ろから浅野の声が聞こえたというわけです。

東京大学総合図書館所蔵の『梶川与惣兵衛日記《かじかわよそびょうえにっき》』と題する写本には、「吉良殿後より内匠殿声かけ切り付け申され候得共、太刀音つよく候て、切れ申さず候様存じ候」と書いてあって、何を言ったかは書いていません。『江赤見聞記《こうせきけんぶんき》』では「上野介覚え候か」と言ったと書いています。声をかけて斬りかかるのは武士の作法で、そうしないと卑怯な行動になります。

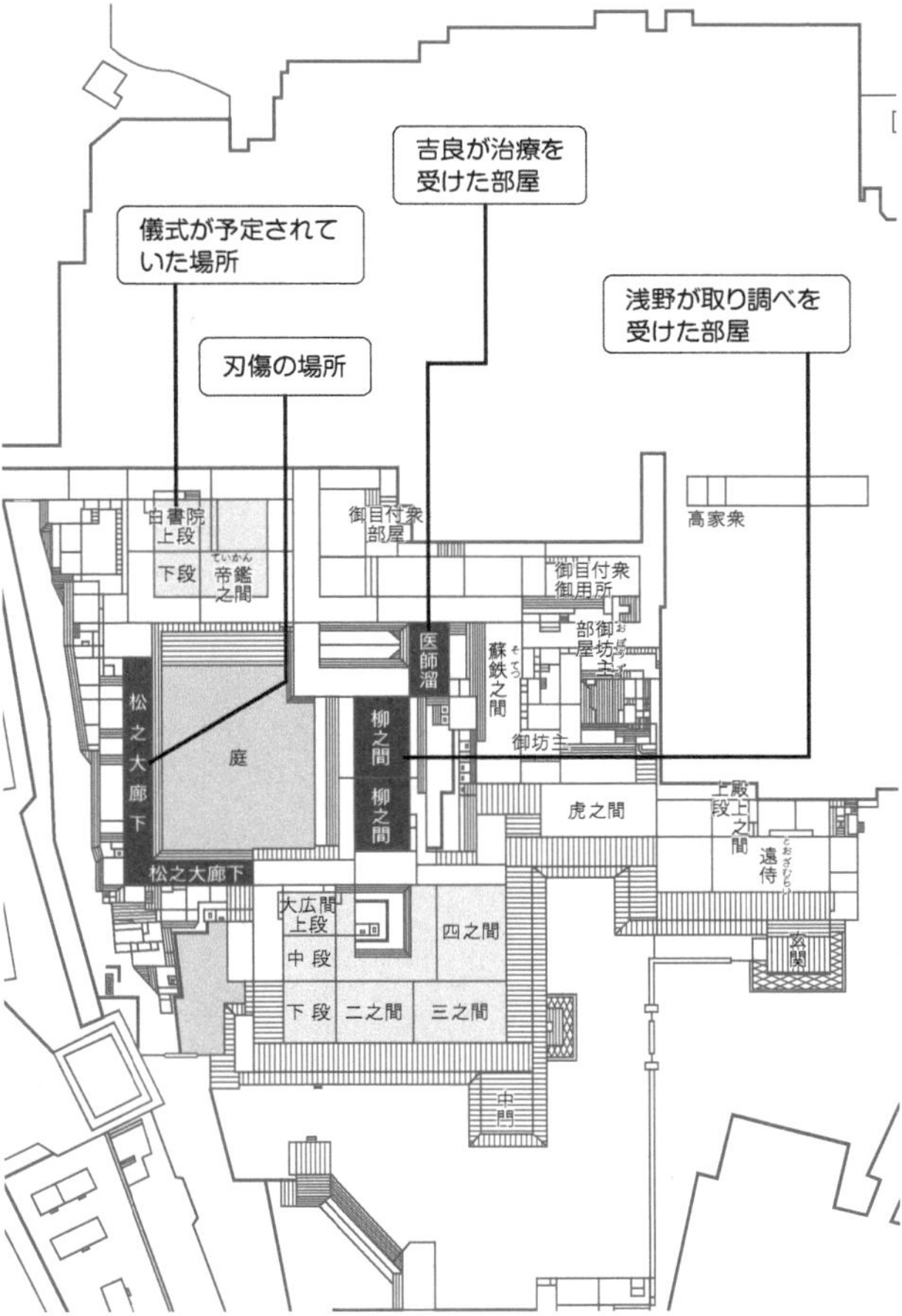

（『東京市史稿　皇城篇　附図』より作成）

◎江戸城、「松之大廊下」あたりの間取り図

浅野はその後、取り押さえた大勢の者に取り囲まれて、大広間の後ろを通って柳之間のほうに連れていかれました。そのとき浅野はずいぶん興奮していて、次のようにくり返し言っていたそうです。

浅野内匠頭の言葉

「上野介、此間中《このかんちゅう》、意趣《いしゅ》これあり候《そうろう》故《ゆえ》、殿中《でんちゅう》と申し、今日の事かたがた恐れ入り候《そうら》へども是非に及び申さず打ち果たし候《そうろう》」

——上野介には、ここしばらくの間、遺恨があったので、殿中であり、また大事な儀式の日でもありながら、やむをえず討ち果たしました。

これに対して、その場にいた者は、「もはや事も終わったので、おだまりなさい。あまりに高声で、どうかと思います」と制止したといいます。浅野はかなり興奮していたのでしょう。そう言われて浅野もそれからは静かになったようです。

梶川は、『梶川氏筆記』の中で、「あまりに突然のことだったので、考えもなく浅野殿を抱きかかえたが、浅野殿の心中を思えば、討たせてやればよかった」という意味のことを言っています。いわゆる「武士の情け」ですね。

そうすれば、その後、討ち入り事件もなかったことになりますが、実際は、もし江戸城で刃傷があってそれをそのまま見ていたとしたら、梶川もただではすまなかったでしょうから、とめないわけにはいかなかったのではないかと思います。梶川は浅野を取り押さえたことで500石の加増があり、1200石になっています。

その後、何が起きたのか。幕府の取り調べがあって、武蔵国《むさしのくに》忍《おし》藩主で老中《ろうじゅう》（政務を総括する最高職）の阿部《あべ》豊後守《ぶんごのかみ》正武《まさたけ》が梶川に、「上野介が、脇差に手をかけたり、あるいは抜き合わせたりということはなかったか」とたずねています。この質問は重要なポイントで、もし吉良が脇差に手をかけていれば、これはけんかということになります。

江戸時代は、喧嘩両成敗《けんかりょうせいばい》が「天下の大法」ということになっていましたから、

松之大廊下跡の碑

旧江戸城本丸「松之大廊下」のあったあたりは、現在、皇居東御苑の小道になっている

けんかをした者は、理非を論ぜず、「双方とも切腹」です。もし吉良が刀に手をかけていたら、両成敗になって、吉良も切腹するはめになっていたでしょう。でも、吉良は、逃げただけですから、老中はこの事件をけんかとしては扱わなかったんです。

――『梶川氏筆記』のほかにも史料はあるんですか?

吉良の治療をした外科医の栗崎道有《くりさきどうう》(幕府の御典医で、外科の名医として有名だった)という人も日記を残しています。東京大学総合図書館所蔵の「栗崎道有記録」です。

それによれば、額の傷は３寸《すん》６分《ぶ》ほどのもので、骨にもちょっと傷がついていたといいます。１寸は３・79センチメートルで、１分は１寸の10分の１ですから、13・６センチメートルほどだったようです。ちなみに、１寸は、１尺《しゃく》の10分の１のことで、これは、江戸時代のものさしの「くじら尺」です。

道有は、熱湯で傷口を洗い、小糸で６針も縫っています。背中の傷は浅かったものの、これも３針縫ったそうです。もし、最初のひと太刀が烏帽子に当たっていなかったら、もっと傷はひどかっただろうと思います。

――骨まで達するほどの傷とはいえ、吉良は運がよかったですね。ところで、冒頭に出てきた、大名の監察役である大目付は、旗本から選ばれるということでしたが、旗本の定義がちょっとあやふやです。もう一度説明してもらえませんか？

たしかに、漠然とはみなさんイメージをつかんでいるようですが、具体的に説明するとなるとできなかったりするようですね。

まず、将軍を中心とすると、将軍と主従関係を結ぶものに、大名・旗本・御家人《ごけにん》の3種類があります。何が違うかというと、大名は1万石以上の武士で、旗本は1万石未満で将軍に御目見《おめみ》えできる武士、御家人は御目見えできない武士です。御家人は、石高でいうとおおむね100石未満です。

それから、大名には、徳川家の一門である親藩《しんぱん》と、関ヶ原の戦い以前から徳川家に従っていた譜代《ふだい》大名、それ以後徳川家に従うことになった外様《とざま》大名の3種類があります。まあ、このあたりはみなさん覚えていらっしゃると思いますが(笑)。

大名は、1万石以上の武士ですので、多くの家来を召し抱えています。赤穂藩浅野家の場合、筆頭家老の大石内蔵助《おおいしくらのすけ》以下、二百数十人の家臣がいました。この家臣たち、つまり藩士《はんし》は、大名の家来ですから、将軍から見ると家臣の家臣なので、陪臣《ばいしん》といいます。逆に直接の家来である旗本や御家人は直臣《じきしん》です。

ちなみに、家老の大石にも家来がいますね。これは大名から見て陪臣です。

2　浅野内匠頭の切腹

浅野内匠頭は、江戸城平川門から出て、田村右京大夫の屋敷に護送された。将軍徳川綱吉は、大切な儀式の場を血で汚した浅野を憎み、即日、切腹を命じた。

綱吉の使者として田村邸に遣わされたのは、正使が大目付（大名の監察役）の庄田下総守安利《しょうだしもうさのかみやすとし》、副使が目付《めつけ》（旗本・御家人の監察役）の大久保権左衛門忠鎮《おおくぼごんざえもんただしげ》と多門伝八郎重共《かどでんぱちろうしげとも》であった。３名は、並んで座り、庄田が次のように綱吉の命令を伝えた。

「其方儀《そのほうぎ》、意趣《いしゅ》これある由《よし》にて、吉良上野介を理不尽に切りつけ、殿中をも憚《はばか》らず、時節柄と申し、重畳《ちょうじょう》不届至極《ふとどきしごく》に候。これにより切腹仰《おお》せ付けらる」

――そのほうは、恨みがあるということで、吉良上野介を理不尽に切りつけた。殿中をもはばからず、また勅使登城の日でもあり、重ね重ね不届至極である。これにより切腹を命じられる。

これに対し内匠頭は、神妙に御請《おうけ》（返答）をした。

その後、徒目付《かちめつけ》が左右につき添い、障子をあけて庭へ下ろし、敷いてあった毛氈《もうせん》の上に座らせた。

田村家中小姓《ちゅうごしょう》（藩の下級家臣）の愛沢惣右衛門《あいざわそうえもん》が麻裃《かみしも》を着て、小脇差を三宝《さんぼう》に載せて内匠頭の前に置く。そして内匠頭が小脇差を手に取り、切腹すると、田村家徒目付の磯田武太夫《いそだぶだゆう》が介錯《かいしゃく》し、内匠頭の首を差し上げて検使に見せた。

それが終わると、準備していたふとんを遺骸《いがい》の上にかけ、白張り屏風《びょうぶ》で検使の目から隠した。

（『田村家浅野長矩御預之節控』『多門伝八郎覚書』より）

浅野はその後、田村右京大夫の屋敷へ預けられることになって、通常、使われている大手門ではなく、平川門から江戸城を出ることになりました。なぜかというと、平川門は大奥への入口ですが、「不浄門」ともいわれて、死人や罪人を城から出す門として使われて

◎田村右京大夫邸のあったところ

いたからです。浅野は殿中で不届きを働いたので、罪人として平川門から出されたわけです。

田村の屋敷は当時、愛宕下《あたごした》にありました。ここは、大名の屋敷がたくさんあったところで、「愛宕下大名小路《だいみょうこうじ》」と呼ばれていました。現在の地名だと、ちょうど新橋4丁目になります。いま、田村の屋敷跡には、小さなビルがたくさん建っています。

この田村家の記録に、切腹を命じられたときの浅野の言葉が残っています。

浅野内匠頭の御請《おうけ》（返答）

「今日《きょう》、不調法《ぶちょうほう》なる仕方《しかた》、如何様《いかよう》に

浅野内匠頭切腹の地

も仰せ付けらるべき儀を、切腹と仰せ付けられ、有り難く存じ奉《たてまつ》り候」

――今日の不調法な行動は、どのような厳しい処罰を命じられてもしかたのないところ、切腹と命じていただき、ありがたく存じ奉ります。

――切腹を命じられているのに、落ち着いていますね。しかもお礼まで……。

そうですね。武士は、幼いときから「死を恐れないように」、という教育を受けていますから、切腹の場でもうろたえることはあまりないものなんです。切腹を許されたことにお礼を言っているのも、切腹が武士の礼にかなった処罰だったからです。

浅野は、殿中を血で汚したわけですから、打ち首という屈辱的な処罰が下る可能性もありました。本人もそれを心配していたのではないかと思います。それが、切腹という武士

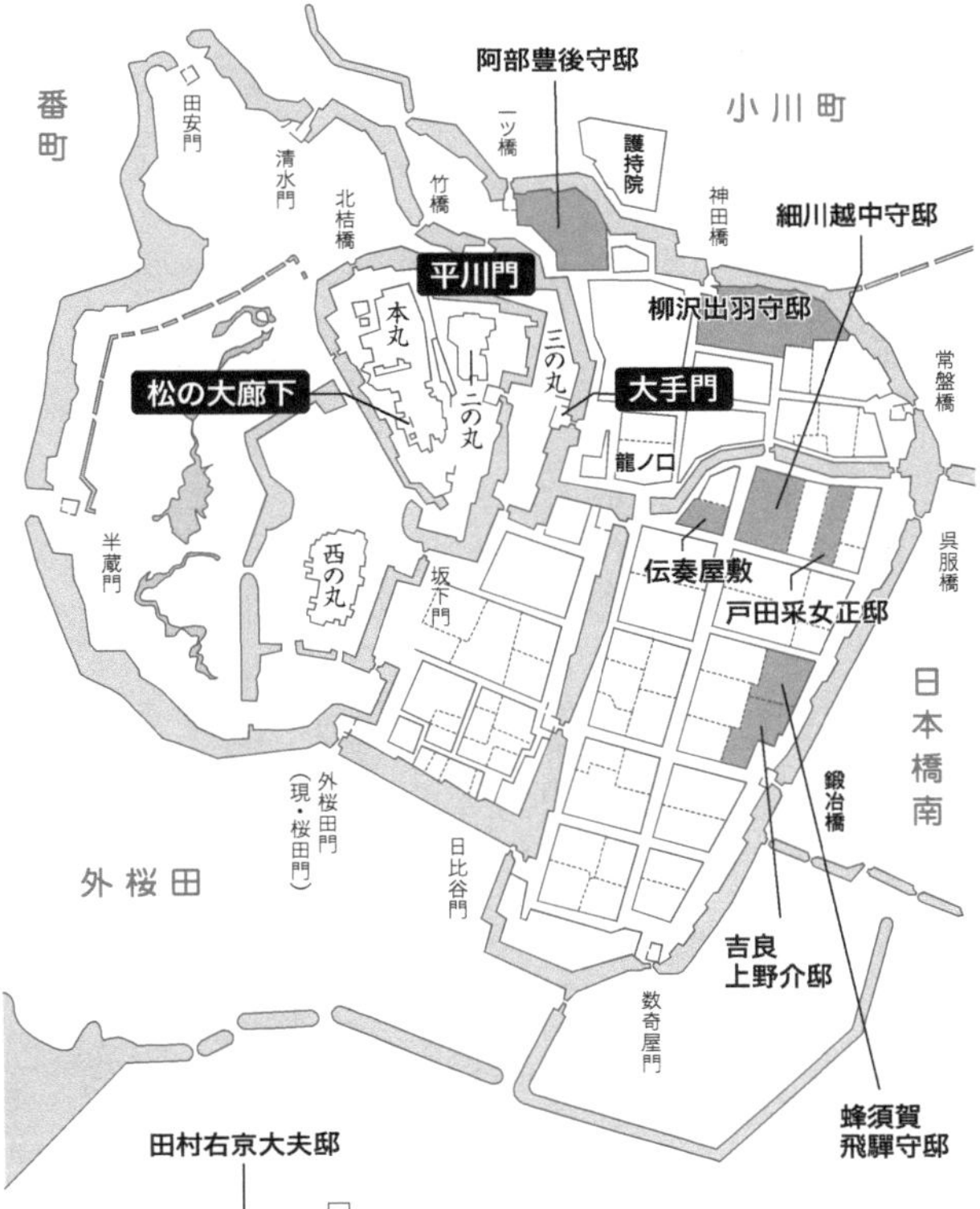

（『元禄大江戸図』より作成）

◎江戸城とその周辺地図

にとってはある意味名誉ある死だったので、ほっとしたんじゃないでしょうか。切腹はたしかに処罰ですが、形の上では、「自主的に自分で責任を取る」ということですので、他人に首を切られる打ち首とはまったく意味が違ってきます。

小脇差を三宝《さんぽう》に載せて浅野の前に置いた愛沢惣右衛門《あいざわそうえもん》も、麻裃を着ていますよね。武士は、儀式のとき、小袖（着物）の上に麻でできた「裃」という上着をつけることになっていました。切腹も処罰とはいえ、大切な儀式と考えられていたんです。

——浅野は強がりなどではなくて、本当にありがたいと思っていたわけですね。ところで、よくドラマなどで、切腹の前に、浅野の家臣が田村のお屋敷の物陰から浅野に最後のお別れをするシーンがありますが、それについては書かれていないんですか？

それは、田村家の記録ではなく、『多門伝八郎覚書《おかどでんぱちろうおぼえがき》』に書かれています。最後のあいさつをしたとされるのは、片岡源五右衛門《かたおかげんごえもん》という側用人《そばようにん》（藩主の側近で、藩主と家老の連絡役を務める）で小姓頭《こしょうがしら》（藩主の身の回りの世話をする小姓の責任者）です。主君と男同士の愛情で結ばれた家臣ですね。

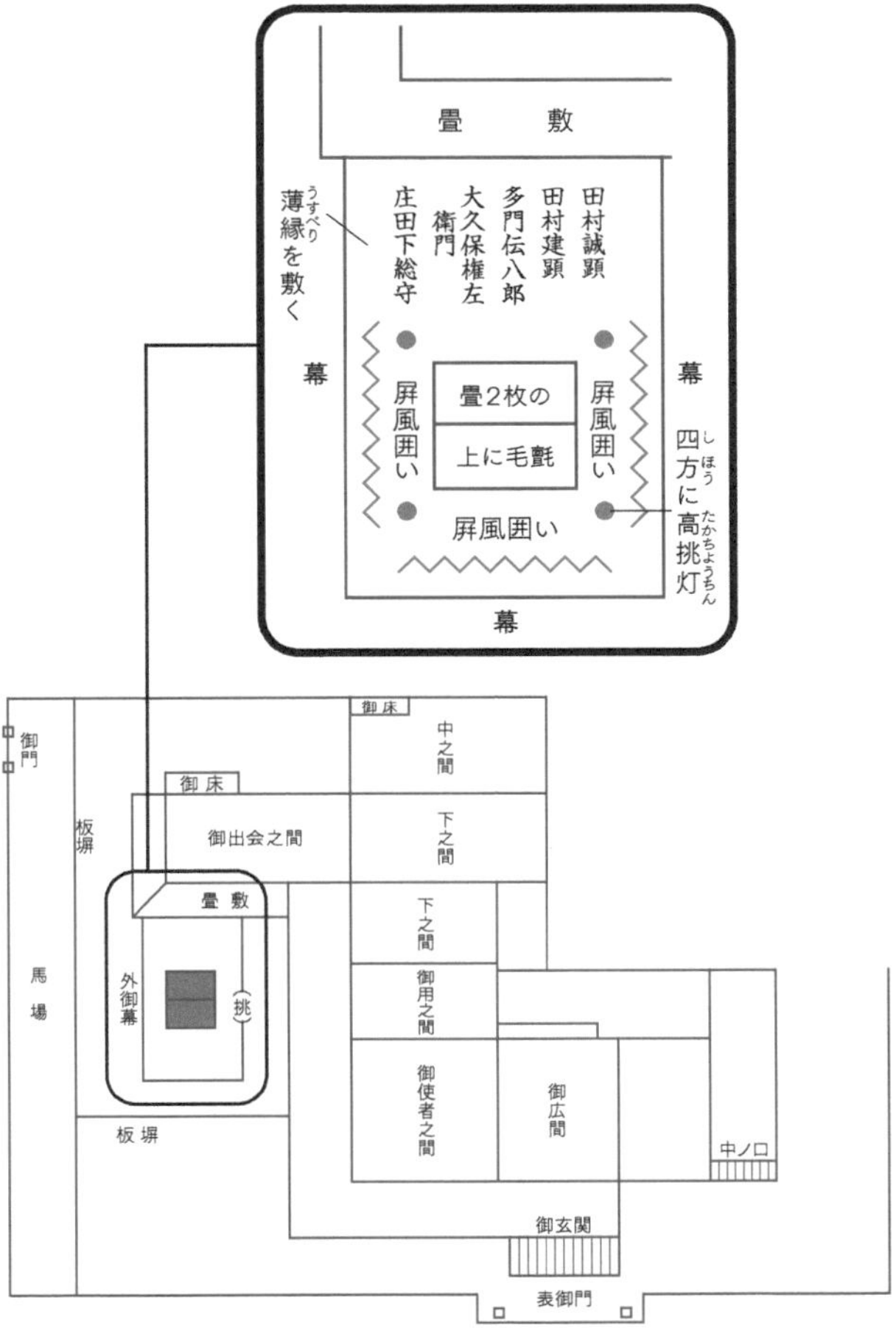

（赤穂市『忠臣蔵』第一巻より作成）

◎浅野内匠頭が切腹した田村邸間取り図

片岡は、事件を知って田村邸に行き、ぜひ主君に最後のお別れがしたいと頼みました。田村家の家臣たちは、最初は断るんですが、あまりにも片岡が必死で頼むので、検使の多門伝八郎《おかどでんぱちろう》に許していいかどうか聞きます。ちなみに、検使というのは、刑罰として切腹が命じられたときに、幕府からそれを見届けるために派遣される人のことです。

浅野に同情的だった多門は、

「かまわない。ただし、刀を取り上げ、浅野が切腹の場所に出て、私が仰《おお》せ渡し（将軍の言葉）を読み聞かせているときに、ひと目主人の姿を見させればよい。もし、主人を助けようとしても、田村殿の警護の侍《さむらい》がいるので、取り押さえればよい」

と答えたといいます。それで、片岡は、主人に最後の暇乞《いとまご》いができたというわけです。

ただ、神戸大学名誉教授の八木哲浩さんは、この『多門伝八郎覚書』は信用できないといっています。というのも、本来、上使《じょうし》（将軍の使者）として遣わされた当事者の記録なので、いちばん信頼すべき史料なんですが、多門の想像と自己正当化が入りすぎているというのです。

おなじく神戸大学名誉教授の野口武彦さんも、片岡は江戸屋敷の混乱の中で忙殺され、田村邸に行くことなんかできたはずがない、といっています。このエピソードはとても有名で、多くの人に感動を与えているものですが、ほかの史料にまったく見られないので、もしかすると、片岡は、最後の暇乞いはしていないのかもしれません。

ほかにも、浅野が、

「介錯は自分の差料《さしりょう》の刀でお願いしたい」

と言ったという話を書いていますが、これも事実ではなさそうです。念のため補足すると、武士は、それぞれ自分のお気に入りの刀を腰に差していて、それを差料と呼んでいました。それを使ってくれと言ったというのは、ちょっと考えられません。

介錯は、介錯する者が自分の刀でやることになっていました。実際、田村家では、介錯を命じた徒目付《かちめつけ》に、大名の介錯にふさわしい刀を選んで拝領《はいりょう》（身分の高い人から物を賜《たまわ》ること）させています。徒目付クラスでは、そんなに立派な刀は持っていませんから。

藩士の監察にあたる役が目付ですが、その配下にあったのが徒目付です。藩士の行動の調査などを行ないました。「徒《かち》」というのは、徒歩で従軍する格であるという意味です。ちなみに、上司である目付は、騎馬の格です。

この介錯の刀については、『田《た》村《むら》家《け》浅《あさ》野《の》長《なが》矩《のり》御《お》預《あずけ》之《の》節《せつ》控《ひかえ》』というたしかな記録にある話なので、疑いようがありません。ということは、多門がうそをいっていることになります。

それに、もう一つお話しすると、浅野の有名な辞世《じせい》の句、

風さそふ　花よりもなを　われはまた
春の名残を　いかにとかせむ

——風に吹かれて散る桜の花よりも、
ずっと強い私のこの世に残す思い（吉良が生きていること）を、
どうすればよいのだろうか

というのも、どうやら多門の創作らしいんです。というのも、この辞世の和歌も、『多門伝八郎覚書』にしか見られないものなんです。『江赤見聞記』などの浅野家側の記録にも、

田村家の記録にもまったく書かれていないというのはおかしな話です。

――うーん、『多門伝八郎覚書』の信憑性は、かなり低そうですね……。でも、真実を知りたくなかった気もします（笑）。ほかにも創作はあるんですか？

　あります。浅野は庭で切腹させられましたが、これは5万石《こく》の大名で従五位下内匠頭《じゅごいのげたくみのかみ》という官位を持つ者に対して礼が足りないのではないかと、多門をはじめとして、田村家や本家の広島藩浅野家が抗議したというんです。でも、これも、ほかの史料には見られない記事なんですね。

――なるほど、けっこう創作が入るものなんですね。

ところで、「官位」というのも、なんとなくわかっているような、わかっていないようなな、あやふやなところがあります……。

　江戸時代の大名は、幕府の許しを得て、朝廷から官位をもらっています。「官」は「官職」で、「位」は「位階」のことです。一般の大名の位階は、従五位下です。身分の序列を示す等級ですね。

官職は、たとえば「内匠頭《たくみのかみ》」や「上野介《こうづけのすけ》」などです。「上野介」を名前だと思っている人もいるかもしれません。名前として使われてはいますが、もともとは官職で、上野介は、上野国《こうづけのくに》の次官ということです。長官は上野守《こうづけのかみ》です。

ここで気をつけないといけないのは、上野、上総《かずさ》、常陸《ひたち》の3国は、親王任国《しんのうにんごく》といって親王が長官に任命されることになっていたことです。そのため、次官でも、ほかの国の長官と同格です。

親王任国の長官や、中央官庁の式部《しきぶ》省長官の式部卿《きょう》、弾正台《だんじょうだい》長官の弾正尹《いん》なども、親王が任命される名誉職です。

だから、たとえば伊豆国の長官伊豆守と次官の上野介や上総介は、おなじ従五位下相当の官職で同格だということです。

もともと「介」というのは「次官」という意味ですが、字は、官によって違っています。右衛門府《えもんふ》の長官の場合は右衛門督《のかみ》で、次官は右衛門佐《のすけ》です。「介」の字は現代の人の名前にも残っていますね。

――そうすると、吉良も、浅野とおなじ従五位下で、浅野とは同格だったわけですね。

いえ、吉良の場合は、官位は従四位上《じゅしいのじょう》で少将にも任じられていましたから、石高は4200石と少ないですが、老中《ろうじゅう》（政務を総括する最高職）よりも高い官位だったんです。これは室町将軍家の末えいで、血筋がよかったからです。

だから、閨閥《けいばつ》も華麗です。念のため補足すると、閨閥というのは、妻の実家とか、その親類の勢力でつながった人たちのことです。最近では政略結婚もかなり減ってきていますから、あまりなじみがないかもしれませんね。

吉良の閨閥を見ると、長男三之助《さんのすけ》が上杉綱勝《うえすぎつなかつ》の養子になっています。綱勝の嗣子《しし》（家督を継ぐ子）が早くに死んでしまい、甥《おい》にあたる上野介の子どもを養子にしたんです。

上野介のほうは、長男の三之助を上杉に養子に出して、三郎を嗣子としますが、この三郎も早くに亡くなってしまいます。それで今度は、三之助（弾正大弼綱憲《だんじょうだいひつつなのり》）の次男を養子にもらっています。実際には孫ですね。

吉良は、将軍家とも親戚関係にありますから、斬られたあと、将軍からお見舞いの言葉をかけられています。

五代将軍徳川綱吉は、

「手傷はどうか。追々《おいおい》全快すれば、心おきなく出勤して務めよ。老体のことであるから、ずいぶん保養するように」

という言葉をかけたといわれています。

一方は切腹、一方は将軍から親切な言葉をかけられたわけですから、浅野の家来たちにとっては、たまらなかったと思います。そしてこれが、赤穂浪士《あこうろうし》の討ち入りの原因になったわけです。

ただ、浅野は恨みを残して死んでいったようにいわれていますが、吉良がどうなったか知っていたでしょうか。

田村家では、もし浅野が、吉良はどうなったかをたずねてきたら、

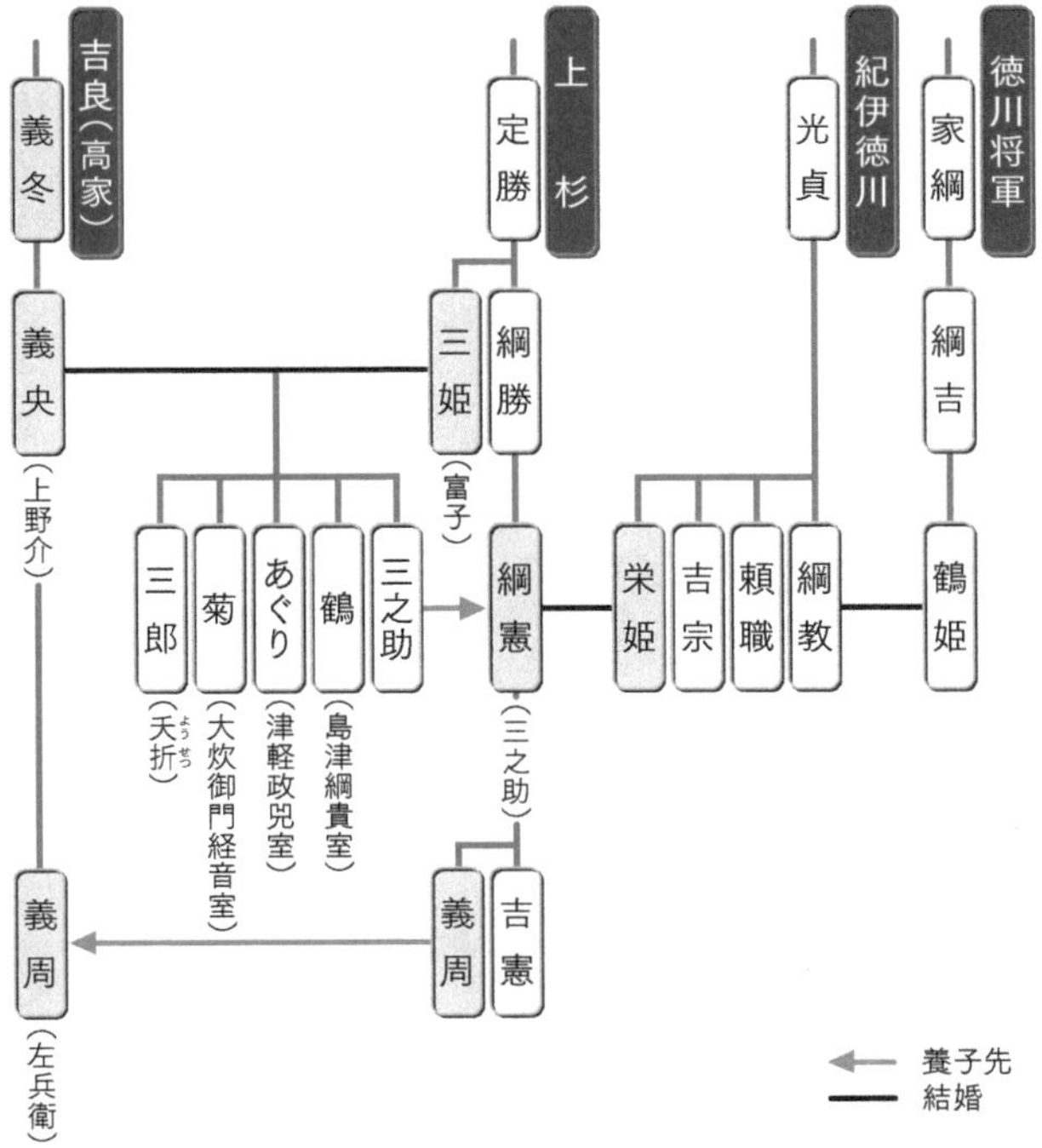

◎吉良家の閨閥

「取り込んでいるので、たしかなことは承っていませんが、御深手（重傷）で、御養生はかなわないのではないでしょうか」

と答えることにしていましたが、浅野は、吉良のことはまったくたずねようとしていません。

浅野が梶川に抱え止められたとき、「上野

介卑怯もの討ち果たせ〳〵」と二声言った（『江赤見聞記』）ということなので、吉良を討ち止めていないことはわかっており、尋問された多門に、逆に吉良の様子を訊ねています。多門は、「浅疵ではありますが、老年で顔に疵を受けているので、回復は心もとない」と答え、浅野は嬉しそうにしていたということです。そのため、田村邸では吉良の様子は聞かなかったということかもしれません。

そうだとすると、浅野は胸中に無念の思いを残していたかどうかはわかりません。『多門伝八郎覚書』は、当時の文章で当事者でないと書けないものです。しかし、浅野の辞世は、吉良が大した疵ではないことを知っていた多門が、浅野の思いを代弁して「春の名残をいかにとかせん」と詠んだのだと考えざるを得ません。

3　浅野内匠頭はなぜ刃傷におよんだか

　赤穂藩の家臣たちは、勅使饗応役の役宅《やくたく》であった伝奏《てんそう》屋敷の引き払いを命じられ、また鉄炮洲《てつぽうず》の上屋敷《かみやしき》（現、中央区明石町）も幕府に返却しなければならなくなり、大混乱となった。

　田村邸からは、内匠頭の遺骸《いがい》を引き取るようにという連絡がきた。

　そこで、用人《ようにん》（秘書、家老に次ぐ重役）糟谷勘左衛門《かすやかんざえもん》、江戸お留守居役（江戸で幕府や他藩と交渉する役）建部喜六《たてべきろく》、側用人（34ページ）片岡源五右衛門・田中貞四郎《たなかさだしろう》・磯貝十郎左衛門《いそがいじゆうろうざえもん》、小納戸役《こなんど》（藩主の身の回りの品物を調達する役）中村清右衛門《なかむらせいえもん》が田村邸に行き、遺骸を引き取った。

　内匠頭の後室（後妻）阿久里《あぐり》は、14日の夜に剃髪《ていはつ》して、「寿昌院《じゆしようい ん》」と号した。しかしこの名前は、将軍綱吉の生母、桂昌院《けいしよういん》と「昌」の字が重なることから、すぐに「瑤泉院《ようぜんいん》」と改めた。

阿久里は、実家の三次《みよし》藩浅野《あさの》土佐守《とさのかみ》長澄《ながすみ》に引き取られることになり、翌15日の明け方、麻布今井町の屋敷に移った。

同15日、内匠頭の弟で、兄から3000石を与えられて旗本（27ページ）になっていた浅野《あさの》大学長広《だいがくながひろ》は、幕府評定所《ひょうじょうしょ》（249ページ）に呼び出され、閉門を命じられた。

遺骸は、菩提寺である芝の泉岳寺《せんがくじ》に送られ、ひっそりと埋葬された。江戸家老（江戸屋敷の最高責任者）の安井《やすい》彦右衛門《ひこえもん》と藤井《ふじい》又左衛門《またざえもん》は、遺骸《いがい》の受け取りはおろか、泉岳寺にも来なかった。

泉岳寺で落髪した片岡・田中・磯貝の3人は、初七日がすんだのち、赤穂へ下っていった。

（『田村家浅野長矩御預之節控《しょなのか》』『江赤見聞記』より）

浅野の切腹のあと、家臣たちは、「伝奏屋敷《てんそうやしき》」を引き払うように命じられています。江戸城大手門の外の龍《たつ》の口という場所にあった建物で、武家伝奏が江戸に来たときの宿舎になった屋敷です。

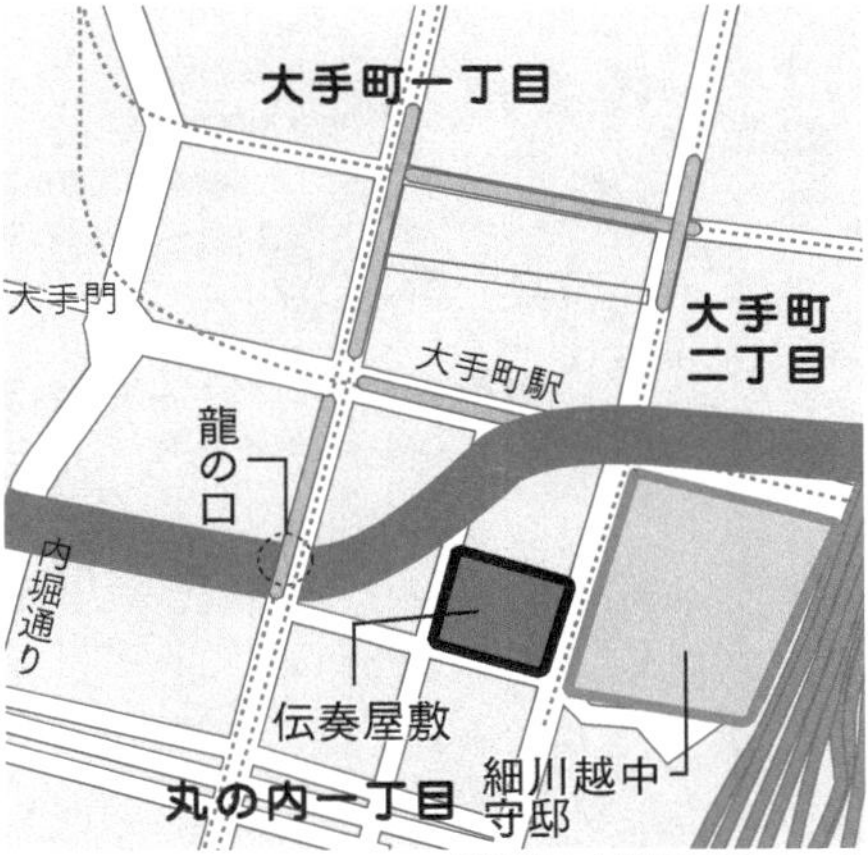

※当時の全体図は33ページ。

◎伝奏屋敷があったところ

武家伝奏は、朝廷と幕府の連絡にあたる朝廷の役職で、三位以上の貴族である公卿《くぎょう》が任じられます。武家伝奏が江戸に来ることはあまりないので、ふだんは空き家で、老中の会議などをする屋敷として使われていました。

勅使や院使が来たときは、ここが宿舎になります。それで、浅野もここを役宅《やくたく》（業務を行なう屋敷）にして詰めていたんです。

大名は、幕府から江戸に2～3カ所の屋敷をもらっているのですが、ふだん、大名が住むのは上屋敷《かみやしき》で、江戸城に近いところにあります。浅野の屋敷は、鉄炮洲《てっぽうず》（現在、中央区明石町）にありました。現在は聖路加国際大学があるところで、そこから築地を経て銀座に出て、日比谷門まで歩くと30分ぐらいかかります。

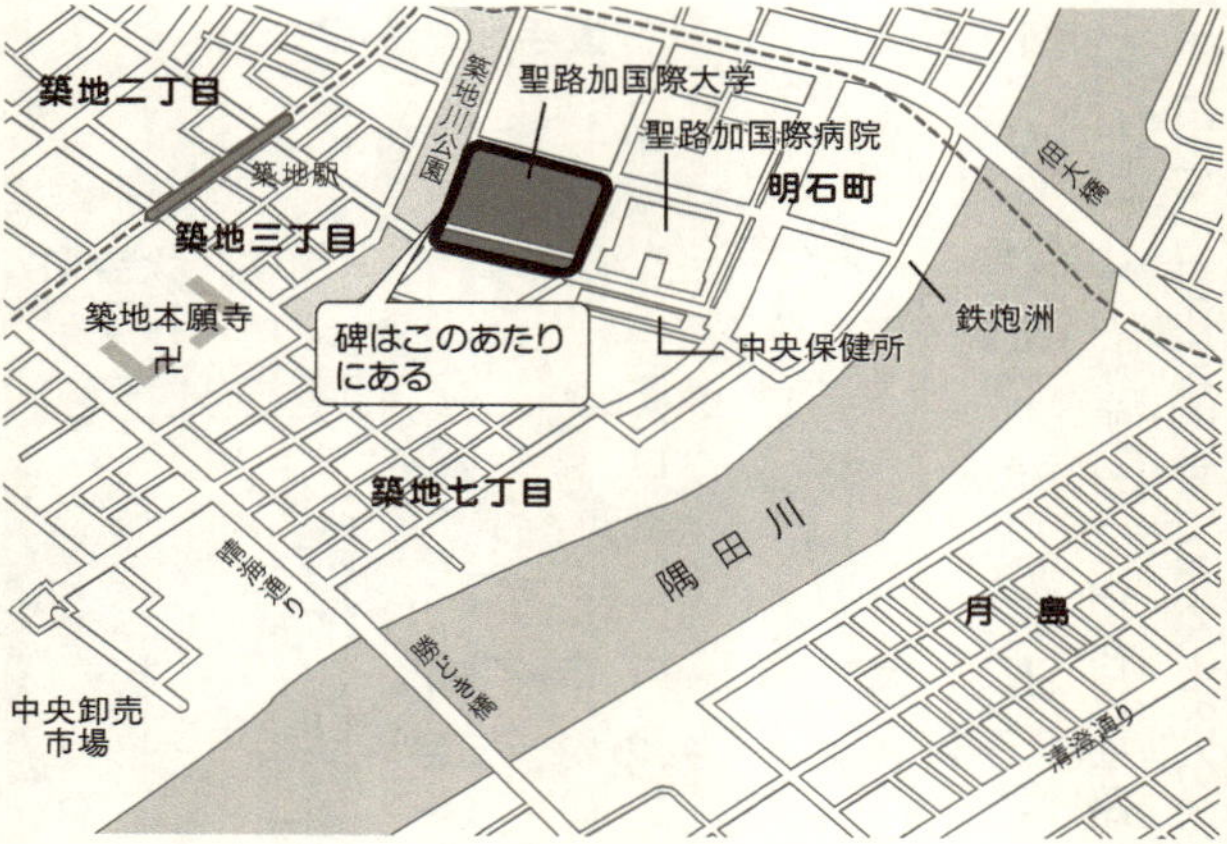

◎浅野内匠頭上屋敷（鉄炮洲）があったところ

上屋敷の予備の屋敷が中屋敷《なかやしき》で、大名の跡取りとなる成人した子ども、つまり嫡子《ちゃくし》や隠居が住んでいました。大名の嫡子も、隠居も、それぞれ自分の家来がいますから、かれらに付属している家臣の宿舎にもなっていました。

下屋敷《しもやしき》は、江戸の郊外の別荘で、庭園などをつくって大名が遊ぶところです。

——浅野《あさの》大学《だいがく》が命じられた閉門《へいもん》っていうのは、どのような処罰なんですか？

それは、読んで字のごとく、「家の門、を閉じて、外出を禁止される処罰」です。

ただ、単に門を閉じればいいというわけではなくて、幕府の役人が門を竹矢来《たけやらい》（竹でつくった囲い）で囲んだり、表玄関をくぎで打ちつけたりします。まあ、ほかの出口から外に出ることはできるんですが。

表玄関を使えなくても、ほかから出られればいいかと思うかもしれませんが、閉門になると、外の人にも、その家の主人が処罰されたということがひと目でわかりますから、メンツは丸潰《つぶ》れですね。

それより軽いのが「蟄居《ちっきょ》」で、これは、自宅謹慎ということです。外から見たとき、処罰を受けていることはわかりません。

――そうなると、閉門と蟄居では全然意味合いが違いますね。

浅野の奥さんの阿久里《あぐり》は、その日のうちに剃髪しているんですね。たしか美人で、吉良上野介が横恋慕していたんでしたよね。

それは、歌舞伎の『仮名手本忠臣蔵《かなでほんちゅうしんぐら》』がそういう設定なんですね。これを使って、大河ドラマも作られていました。

田村右京大夫邸の庭にあった血染めの石

歌舞伎では、高師直《こうのもろのお》（上野介）は、塩《えん》谷《や》判官《はんがん》（内匠頭）の妻顔世《かおよ》御前《ごぜん》に横恋慕してふられ、その腹いせに判官に意地悪をし、刃傷を受けるというストーリーです。でも、実際は、当時、大名の妻女に顔を会わす機会なんてほとんどありませんから、まったくのフィクションだといっていいと思います。

——江戸家老は、どうして泉岳寺に行かなかったんですか？　上司が死んでいるというのに、ひどい話ですよね。

浅野は、罪を犯して切腹になったわけですから、幕府に遠慮したんでしょう。

でも、浅野は、最後の言葉も片岡と磯貝にしかかけていませんし、関係が悪くなっていたのかもしれません。

『田《た》村《むら》右京《うきょう》大夫《のだいぶ》殿《どの》江《へ》浅野《あさの》内匠頭《たくみのかみ》御預《おあずけ》一件《いっけん》』という史料では、浅野が家臣に手紙を書きたいと願い、田村家では、それは幕府に伺わないと無理だと答えたところ、浅野は、家来（片岡源五右衛門と磯貝十郎左衛門）に、次のように伝えてくれと言ったといいます。

「此段《このだん》、兼《か》ねて知らせ申すべく候《そうら》えども、今日やむを得ざる事故《ことゆえ》、知らせ申さず候。不審に存ずべく候」

——このことは、かねて知らせておくべきだったけれども、今日やむをえない事情があってのことで、知らせることができなかった。不審に思うことであろう。

これを見ると、吉良に対して含むところはあったけれども、この日に刃傷におよんだのは、突発的なことだったらしいことがわかります。

片岡は、先ほどもいいましたが（34ページ）、男同士の愛情で結ばれていた家臣でしたし、磯貝も片岡とおなじ側用人（34ページ）で、やはり浅野のことを心から大切に思っていたと思います。だから浅野も、その2人には最後の最後に自分の思いを伝えておきたかったんじゃないでしょうか。

では、含むところは何だったか、ですが、これについては、尾張藩士の朝日重章《あさひしげあき》という人が、『鸚鵡籠中記《おうむろうちゅうき》』という日記に書いています。

それによると、吉良は欲が深く、諸大名はわいろを贈って、いろいろと教えてもらっていたらしいんです。そこで、赤穂藩の江戸家老も、主君へわいろを贈るよう進言しました。でも浅野は、「わいろなどを贈ってへつらうことはない」と贈らせなかったといいます。浅野は、以前にも饗応役を務めたことがあって、当事の記録などを使えばうまくいく、という自信もあったのかもしれません。

すると吉良は、必要な知らせなどもしなくなり、浅野は失敗することが多くなったようなんです。そのうえ、吉良は浅野の前で老中に、

「今度内匠万事不自由、もとより言うべからず、公家衆も不快に思さる」

――内匠頭殿は万事不調法で、言うべき言葉もない。公家衆《くげ》も御不快に思われている。

というようなことを言上しました。これで浅野はキレてしまって座を立ち、その直後、松の廊下で刃傷におよんだというんです。

——これだけ聞くと、浅野が怒るのもあたりまえで、吉良が悪いような気もします。

ただ、吉良は官位は高いですが、石高はわずか４２００石の旗本（27ページ）です。そういう人に対して、裕福な大名が教えを受けようとすれば、それなりのお礼をするのがあたりまえともいえます。江戸時代の慣行として、人にものを教わったときにそれ相応のお礼をするのは当然のことで、わいろではなかったんです。

だから、吉良が諸大名から贈り物を受けるのは、当時の慣行からすれば悪いことじゃなかったわけです。吉良は、領地では黄金堤《こがねづつみ》を築くなど善政を行なっていて、領民からは慕われていました。

それに、綱吉の時代の特徴として、儀式を大変大切にしたという事情もあります。だから諸大名は、失敗しないように、贈り物をたくさんするようになったんです。それなのに、浅野は常識的な贈り物しかしなかったから、失敗したのかもしれません。

この話は、うわさを書きとめたものにすぎないんですが、刃傷事件の直後からこういううわさがあったことは注目していいと思います。

そうだとすれば、江戸家老（46ページ）たちが刃傷事件を聞いて、「だから言わないことじゃない」と思って、遺骸《いがい》の受け取りにも行かなかった、というのもうなずけます。

それに、浅野のほうも、決して評判がいいわけではありません。武士が刀を抜きながら、相手を斬りとめ（斬り殺すこと）られなかったのが、まず批判されています。それに、浅野も35歳になっていたんですから、もっと分別があってもいいはずでした。

――浅野はキレやすい性格だったと聞いたことがあります。

浅野の母の弟は、志摩国鳥羽《とば》藩主の内藤和泉守忠勝《ないとういずみのかみただかつ》という人で、延宝8年（1680）、芝の増上寺《ぞうじょうじ》で四代将軍家綱の葬儀を担当していた山城国淀藩主《やましろのくによどはんしゅ》の永井信濃守尚長《ながいしなののかみなをなが》を殺害して切腹に処せられています。

増上寺といえば、徳川将軍家の菩提寺ですね。二代秀忠が葬られていました。初代家康と三代家光の墓は日光、四代の家綱は上野の寛永寺に葬られています。

「乱心」とされていますが、これも職務のうえでの恨みのようです。浅野はそういう血を引いていたということなんですが、これは、「そう考えれば考えることもできる」というぐらいの意味しかないと思いますね。むしろ、わいろうんぬんよりも、老中の面前で浅野のメンツをつぶした吉良の行動に問題があった、というべきでしょう。

別の史料で、『堀部弥兵衛金丸私記《ほりべやひょうえあきざねしき》』に、

「殿中において諸人の前に、武士道立たざる様に至極《しごく》悪口致し候由《そうろうよし》、之《これ》に依り其場《その》を逃シ候ては、後々迄の恥辱と存じ、仕らすと存じ候」

――殿中において、諸人の前で武士道が立たないようなひどい悪口を言ったということで、そのためそのままにしておくと、後々までの恥辱だと考えて、刃傷に及んだのだと存じます。

と書いてあるのがヒントになります。これは人から聞いた話を書いたものですが、事件直後のものですから。

つまり浅野は、人前で武士道が立たないような恥をかかされたので、そのままにしておくと自分の武士道が廃ると考え、領地も家臣も犠牲にして刃傷に及んだということです。当時の武士は、人前で悪口を言われて黙っていたら、「臆病」とされ、切腹するか出奔するかしか取る道がありませんでした。浅野の場合は、公務での不手際を批判されただけなので、武士道が立たないということではなかったのですが、浅野はそうは思わず、思い詰めた、ということだったのだと思います。

浅野の評判については、東京大学史料編纂所所蔵の『土芥寇讎記《どかいこうしゅうき》』という史料もあります。これは、元禄3年（1690）段階の諸藩の領地高、財政状況、治める大名の評判を書いたもので、幕府隠密の調査に基づいたものと推測される史料です。その中で、浅野内匠頭長矩は、次のように紹介されています。

「長矩は、知恵があって利発である。家臣や民の治め方もよいので、武士も百姓も豊かである。たいへん女色を好む。ゆえに、主君にへつらう家臣は、美女を探し求めて主君に勧め、立身出世する。また、主君の寵愛《ちょうあい》する女性の一族は多くの禄を与えられ、金銀をあり余るほどに持つ。昼夜、奥に入って美女と戯《たわむ》れ、政治は、幼少のときから成人したいまにいたるまで家老に任せている」

赤穂藩は5万3000石でしたが、新田開発や塩田などからの運上《うんじょう》（税金）は2万8000石もあり、年貢も平均6割以上の率でしたから、大変裕福な藩でした。

浅野は、その経済力にものをいわせ、女色漁《あさ》りをしていたらしいんです。家臣も豊かだったので不満はなかったでしょうが、藩主として魅力のある存在とはいいがたい大名だったのかもしれません。

だから、赤穂事件は、藩主が名君だから起こったということではありません。しかし、浅野は単なる軟弱な大名でもなく、自分なりの武士道を持っていて、それが仇になったということだと思います。

元禄14年（1701年）

3月14日巳の下刻（午前11時ごろ）	五代将軍徳川綱吉が、白書院で勅使・院使からお暇のあいさつを受ける
4つ半時（午前11時過ぎ）	浅野内匠頭長矩が吉良上野介を斬りつけ刃傷事件ぼっ発
9つ半時（午後1時ごろ）	田村右京大夫が、浅野を預かるよう老中から命じられる
8つ半時（午後3時ごろ）	浅野は、平川門から出され田村右京大夫の屋敷へ
	赤穂藩家臣たちは伝奏屋敷と鉄炮洲の上屋敷の引き払いを命じられる
7つ前（午後4時前）	吉良は、江戸城を退出し、屋敷へ帰る
6つ過ぎ（午後6時ごろ）	浅野切腹
夜	後室阿久里が、剃髪して寿昌院（瑤泉院）に
3月15日　明け方	阿久里、家家の三次藩浅野土佐守長澄の麻布今井町の屋敷へ移る
	弟の浅野大学が、幕府評定所から閉門を命じられる
	浅野内匠頭の遺骸が泉岳寺に埋葬される

◎赤穂事件の流れ①　3月14日〜3月15日

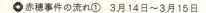

第2章　赤穂城開城

～揺れる赤穂藩

1 急報、赤穂へ

刃傷《にんじょう》事件の知らせは、即座に早駕籠《はやかご》で国元、赤穂《あこう》に知らされた。

使者となったのは、馬廻《うままわり》（主君の馬の廻りを警護する騎馬の武士）150石の早水藤左衛門《はやみとうざえもん》と中小姓《ちゅうごしょう》の萱野三平《かやのさんぺい》で、14日の未《ひつじ》の下刻（午後3時半ごろ）に江戸を出発した。

この時点ではまだ、知らせは主君が刃傷事件を起こしたということだけだった。江戸と赤穂の距離は155里、約620キロメートルである。通常なら1週間ぐらいはかかるが、昼夜をわかたず駆《か》け通しであったため、3月19日寅の刻（午前4時）には赤穂に到着した。4日と9時間ほどしか、かかっていない。

次いで、14日夜更けには、主君切腹と浅野家お取り潰《つぶ》しを知らせる使者が江戸を出発した。使者は、足軽頭《あしがるがしら》（弓や鎗《やり》、鉄砲隊などに属する足軽の長）300石の原惣右衛門《はらそうえもん》と馬廻150石の大石瀬左衛門《おおいしせざえもん》の2人である。

この2人も、3月19日のうちに到着した。到着時刻は戌《いぬ》の下刻（午後8時ごろ）というから、こちらもおなじくらいの所要時間である。

知らせを受けた国家老《くにがろう》（国元にいる家老。城代家老ともいう）大石内蔵助《おおいしくらのすけ》にとっては、寝耳に水の大事件だった。

浅野家お取り潰しという以上、幕府からは城受け取りの使者が遣わされる。それまでに、城を明け渡す準備をしなければならない。

一方、幕府は、3月15日、大目付《おおめつけ》荒木十左衛門政羽《あらきじゅうざえもんまさう》と榊原采女政殊《さかきばらうねめまさこと》の2名を赤穂城受け取りの上使《じょうし》に任命した。

赤穂藩の近隣大名である脇坂淡路守安照《わきさかあわじのかみやすてる》（播州龍野藩《ばんしゅうたつの》5万3000石）と木下肥後守利康《きのしたひごのかみとしやす》（備中足守藩《びっちゅうあしもり》2万3000石）には、加勢の軍勢を出すよう命じた。

同16日には、内匠頭《たくみのかみ》の本家である広島藩の浅野《あさの》安芸守綱長《あきのかみつなが》に、

「御自分からも使者などを遣わして、城をとどこおりなく渡すように命じよ」

と命じ、内匠頭の母方の従兄弟《いとこ》である、美濃《みの》大垣藩戸田《とだ》采女正氏定《うねめのかみうじさだ》とも相談するようにと指示した。

（『岡島常樹覚書』『江赤見聞記』『堀部武庸筆記』より）

——ずいぶんくわしくわかっているんですね。こんな細かなことまで史料に残っているんですか？

そうです。幸いにも、この事件は当時からとても関心が集まったものでしたので、多くの史料が残されているんです。

赤穂城を引き渡すにあたって、幕府や一門の大名からの文書を控えているのは、討ち入りにも参加した赤穂藩士岡島八十右衛門常樹《おかじまやそえもんつねもと》の覚書《おぼえがき》です。

赤穂藩の家臣の動きがいちばんくわしいのは、『江赤見聞記《こうせきけんぶんき》』という史料で、浅野の室、瑤泉院《ようぜんいん》の用人（秘書）だった落合与左衛門《おちあいよざえもん》によるとされるものです。当事の文書や記録を使って、比較的公平な立場から書かれたもので、『家秘抄《いえひしょう》』という題名でも残っています。

ほかの史料は、その時点時点での記録が多いので、事件の全体像を知るのにはこれがいちばん便利な史料ですね。

また、討ち入りに加わった堀部《ほりべ》安兵衛《やすびょうえ》が書きとめた『堀部武庸筆記《ほりべたけつねひっき》』も当事者の手になるものですから、基本史料といえます。これには、安兵衛の手紙の控えや大石内蔵助《おおいしくらのすけ》、ほ

元禄14年（1701年）

3月14日　巳の下刻（午前11時ごろ）	刃傷事件ぼっ発
未の下刻（午後3時半ごろ）	早水藤左衛門、萱野三平が早駕籠で赤穂へ（内容：刃傷事件が発生）
夜更け	原惣右衛門、大石瀬左衛門も江戸を出発（内容：内匠頭切腹と浅野家お取り潰し）
3月15日	幕府が荒木十左衛門政羽と榊原采女政殊を赤穂城受け取りの上使に任命。脇坂淡路守安照と木下肥後守利康に加勢の軍勢を出すよう命令
3月16日	本家広島藩浅野綱長に使者を遣わせて、城をとどこおりなく渡すように命令
3月19日　寅の刻（午前4時ごろ）	早水、萱野が赤穂に到着
戌の刻（午後8時ごろ）	原、大石が赤穂に到着
3月20日	初七日《しょなのか》ののち片岡・田中・磯貝、赤穂へ

◎赤穂事件の流れ②　3月14日～3月20日

かの浪士たちの手紙の控えがたくさん書きとめられているので、だれがなにを考えていたかがよくわかる史料です。それから名前の読み方についてですが、「ほりべやすべえ」としていることが多いですが、正しくは「ほりべやすびょうえ」と読みます。

ただ、残念なのは、討ち入りする元禄15年（1702）の5月までしか書かれていないことですね。

歴史家がもっとも大切にするのが史料なんですが、その中でも日記や手紙がいちばん信頼できる一次史料です。その次に、同時代の人が書いた覚書で、のちの時代に成立したものは、いくらおもしろくても一次史料の裏付けがないと信用できません。

――「刃傷事件を起こした」「御家《おいえ》お取り潰《つぶ》しになる」という知らせが突然届いて、しかもくわしい事情が何もわからなかったら、受け取った大石もさぞ困惑したでしょうね。

そうですね。でも、はっきりしているのは、御家お取り潰しということになると、まず赤穂藩が発行していた藩札《はんさつ》を銀に引き換えなければならないということです。御家お取り潰し、つまり「改易《かいえき》」となったら、領地を取り上げられ、大名としての身分も剥奪され、その家を断絶させられるわけですから、藩札も使えなくなります。家臣もみな浪人となります。

第一陣の使者早水らは、主君の弟の浅野《あさの》大学《だいがく》の手紙も持参しているんですが、それにも、

「札座《さつざ》の儀《ぎ》宜《よろ》しく申し付けらるべく候」

と書かれていました。藩札を発行する役所だった「札座」のあと始末を命じろ、という

ことですね。藩札は、17世紀の中ごろから、発行する藩が出てきます。当時は、なんといっても貨幣の流通量が少なかったので、こういうものも必要だったんですね。

ただ、基本的にその藩限りでしか通用しませんし、札座では、藩札を持ってくる者に額面だけの貨幣を渡さなくてはいけない。当時、東国は基本通貨が小判や1分金などの金でしたので金遣い、西国は丁銀《ちょうぎん》や豆板銀《まめいたぎん》などの銀でしたので銀遣いで、赤穂藩では、銀札が流通していました。補助貨幣の銭は「寛永通宝」で、これは共通。そのため、金と銀を交換する両替商が発達したんです。

それで、赤穂藩の藩札を持っている商人たちは、早く銀に換えてもらわないと、ただの紙切れになってしまいます。だから、浅野家断絶を聞いた商人たちは札座に押しかけて、大騒動になりました。

これを大石は、３月20日から、６歩《ぶ》（60パーセント）で両替しています。つまり、10匁《もんめ》の額面の藩札を６匁の銀に換えた、ということです。放っておくとただの紙切れですから、商人たちも、６歩ならと納得したようです。

この匁というのは重さの単位で、だいたい３・75グラムです。だから、10匁だと37・5グラムの重さの銀ということですね。銀は、重さを量ってやりとりするので、重さがそのまま貨幣の単位になったんですね。元禄のころは、金1両（小判1枚）が銀60匁ですから、10匁は1両の6分の1で、当時の物価を基準として1両を12万円とすると、2万円ぐらいでしょうか。

ちなみに、匁の1000倍を貫《かん》といいます。そして、匁は200匁などのきりのいいときは、「目」という字で略されて200目と書くので、「1貫目」とか「1貫600目」と表記されます。

大石は、本家の広島藩浅野家や三次《みよし》藩浅野家に借金を願ったりしているんですが、広島藩ではすげなく断っています。結局、藩にあったお金で対応できたようですね。

というのも、赤穂藩は、製塩業がさかんだったからです。いまでも、赤穂の塩は有名ですが、当時から赤穂の塩は品質がよくて、価値がありました。そのおかげで、本来は5万3000石の領地ですが、実質は7〜8万石の藩に相当する収入があったといわれています。

——御家お取り潰しになったら、藩札を換金して、城から出ればいいんですか？

そうなんですが、そうかんたんなものではないですよね。御家お取り潰しになると、幕府から上使《じょうし》（将軍の使者）が派遣されて、その上使が城を受け取ることになりますが、明《あ》け渡すほうがすんなり渡すとは限らないので、領地周辺の大名が動員されることになります。もし抵抗すれば、城攻めになります。だから幕府はこのとき、龍野《たつの》藩と足守《あしもり》藩に、軍勢を出すよう命じています。

――城を引き渡さないこともあるんですか？

浅野家の家臣にとっては、内匠頭が主君で、将軍は主君じゃないわけです。だから、主君が引き渡せといえば素直に引き渡すけど、将軍の命令があったからといって、かんたんに引き渡すことはできないんです。大石が悩んだのも、そこにあるんじゃないかと思います。主君から預かった城を、命令もないのに引き渡すことはできないはずです。

だから、浅野家の家臣たちは、連日、城に集まって対応を議論しています。でも、籠城《ろうじょう》（城に立てこもって抵抗すること）すると、幕府への反逆になって、内匠頭の弟の大学にも迷惑がかかってしまうことになります。

そういう武士の気風は幕府もわかっていますから、浅野家の一門の大名から、城を引き渡すように勧告させたんですね。

浅野家の一門では、本家の広島浅野家と、内匠頭の母方のいとこの美濃《みの》大垣藩主10万石の戸田采女正氏定《とだうねめのかみうじさだ》が重鎮でした。

広島浅野家からは、すぐに赤穂に使者が遣わされ、戸田采女正と内匠頭の伯父浅野美濃守長恒《あさのみののかみながつね》は、連名で国元の家老大石内蔵助と大野九郎兵衛《おおのくろうびょうえ》に手紙を送り、おとなしく城を明け渡すようにと説得しています。

また、瑤泉院の実家の三次《みよし》藩浅野土佐守長澄《あさのとさのかみながすみ》も、使者徳永又右衛門《とくながまたえもん》を送って、自重するように命じています。

とにかく、家臣たちが赤穂城に籠城したら大騒ぎになりますので、みんなよってたかって説得しているんですね。

——なるほど。自分の支社の社長ではないけれども、本社の社長の指示があったというわけですね。それなら従いやすいですね（笑）。

ただ、ひとつ問題があったんです。それは、主君が刃傷《にんじょう》した相手の吉良上野介《きらこうづけのすけ》の生死がわからなかったことです。３月24日の夜、大石はひとりで徳永又右衛門の寝所に行き、吉良の生死をひそかに知らせてくれるよう頼んでいます。もし吉良が生きていたら、素直に城を渡すことはできない、という意見が強かったから、これは大切なことでした。

吉良が生きているということを赤穂藩に知らせたら、めんどうなことになると思ったのか、江戸家老の安井彦右衛門《やすいひこえもん》・藤井又左衛門《ふじいまたざえもん》からの手紙では、どういうわけか吉良の生死はぼかされていたんです。

第二陣の使者だった原惣右衛門《はらそうえもん》も、たしかなことは知らなかったようです。結局、３月の下旬まではわからなかったようなんですね。

吉良が生きていることを知った大石は、３月29日に、多川九左衛門《おおかわくざえもん》（物頭《ものがしら》、４００石）と月岡次右衛門《つきおかじえもん》（歩行《かち》小姓頭、３００石）の２人を遣わして、

「上野介様が生きておられることを承りました。家中の侍《さむらい》どもは粗忽《そこつ》の者どもで、ひと筋に主人のことを考え、御法のこともわからず、相手が無事で城地を離散することを嘆いております」

と、上使（荒木十左衛門・榊原采女）にあてて嘆願をあげています。つまり、浅野家家中が納得できるような措置がとられなければ、籠城もありうるということですね。
多川たちは、赤穂に向かった上使には会えず、江戸家老の安井彦右衛門らに相談したため、一門の戸田采女正らに知らされました。戸田は、早速、

「家中の面々、無骨の至りに候《そうろう》。御当地不案内の故に候」

と、「そんなことをいうのは江戸の事情がわかっていないからだ」、と叱責《しっせき》の手紙を送っています。

――ところで、「未《ひつじ》の下刻」とか「寅《とら》の刻」など、昔の時間の数え方がよくわからないんですが、もう一度教えていただけませんか？

はい、昔の時間の数え方は2通りあります。子《ね》、丑《うし》、寅《とら》……という十二支を使うものと、

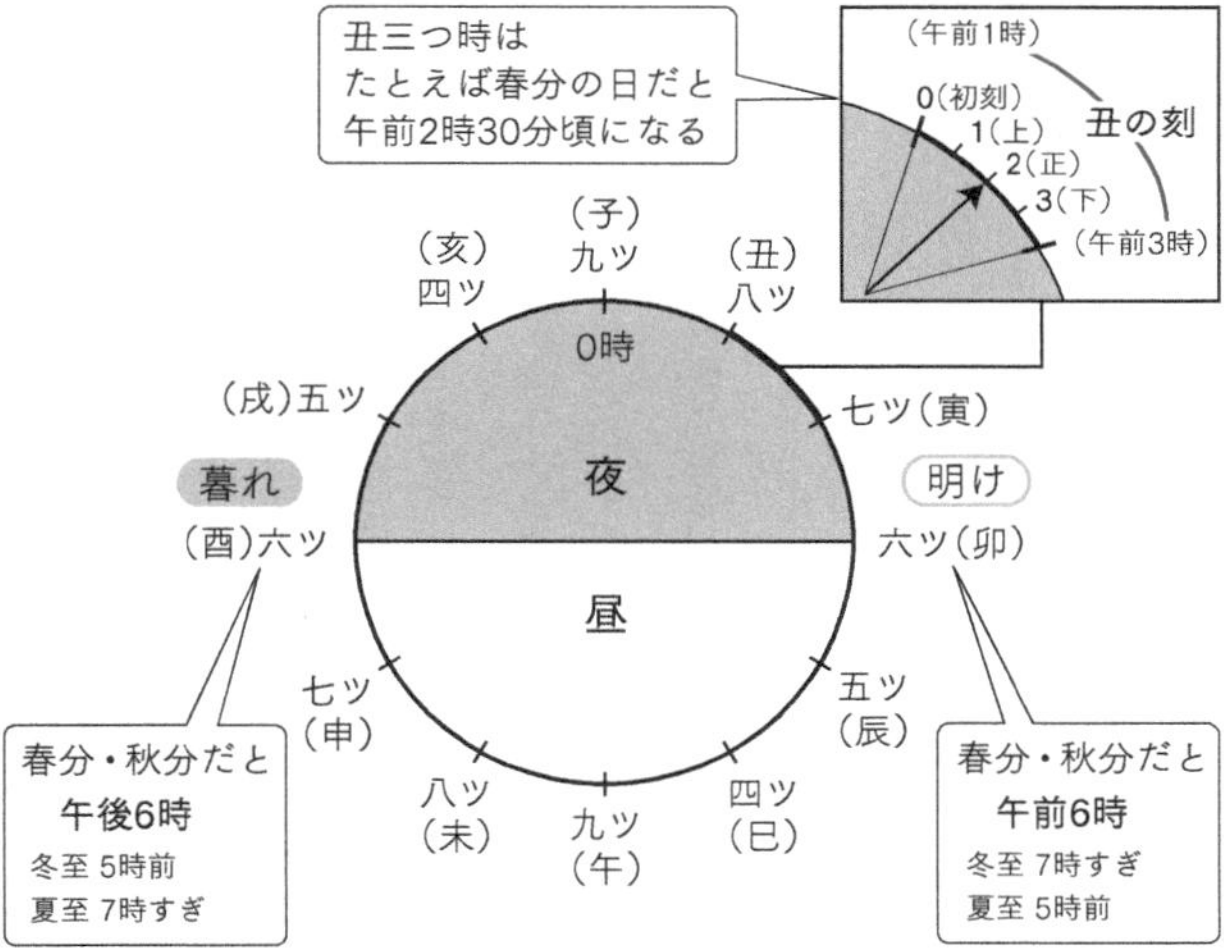

◎和時計の見方

四ツ、五ツ、六ツという鐘を打つ数を使うものです。

ポイントはどちらも太陰太陽暦ということで、日の出と日の入りを基準にして夜と昼を分けて、さらにそれを分けていきます。

子《ね》の刻が午前0時で、午《うま》の刻が正午(12時)です。だからいまでも、午前、午後っていいますよね。

昼の時間は、日の出時である明け六ツと日の入りの暮れ六ツを基準に、五ツ、四ツと数えていって、正午(九ツ)からは八ツ、七ツ、六ツと数えて日の入りになります。昔は時間に幅があったんです。

これを少し正確に示そうとすると、未の

上刻、下刻ということになります。単位が2時間前後ですから、初刻と上刻、正刻、下刻に分ければ30分ごとに区切れますよね。

さらに説明すると、ほかに、十二支の中で一つ、二つ、三つという区切りもあって、よくいう「草木も眠る丑三《うしみ》つ時」というのは、丑の刻（午前1時ごろから午前3時ごろまで）の4分の3過ぎた時刻、ということで、午前2時30分ごろになります。この「三つ」と明け六ツとの「六ツ」とは、別のものです。

――複雑だったんですね。いまの時計になってよかった（笑）。

2 籠城か、切腹か

赤穂城では、筆頭家老の大石内蔵助が上座に座り、連日、議論が続けられていた。

問題は、主君の仇《かたき》である吉良上野介が生きていたことである。吉良がしかるべき処分を受けるのでなければ、素直に城を渡すことはできない、というのが率直な気持ちであった。

そのため、幕府に対して抗議の意を表すために、籠城して切腹すべきであるという意見が強かった。

しかし、次席家老大野九郎兵衛の反対もあってなかなか衆議が決まらない。

そこで、原惣右衛門が、

「とかく同心されない方は、この座を立っていただきたい」

と言ったところ、大野をはじめとして10人ばかりの者が席を立って退出した。

興をさました内蔵助は、同志と見えた奥野将監《おくのしょうげん》、原惣右衛門、進藤源四郎《しんどうげんしろう》、小山源五左衛門《おやまげんござえもん》、河村伝兵衛《かわむらでんべえ》らと次のように結論を出した。

「赤穂の御城は、古内匠頭（長矩の祖父長直）がお建てになったもので、そのうえ上野介が生きているとあっては、赤穂を離散するのも残念なことである。しかし、籠城などといえば、公儀《こうぎ》（幕府）に対して畏《おそ》れ多いので、上使の方々から検使を遣わしてもらい、御城の大手《おおて》で切腹するよりほかはないのではないか」

切腹のとき、存じ寄り（自分の思うところ）を申し上げれば、幕府も吉良の処分を考えてくれるのではないか、という思いがあった。

この決定に対しては、

「とにかく城を引き渡して、そのうえで存じ寄りを申し上げるべきである。切腹によって、城の引き渡しが遅れたとしたら、公儀に対して鬱憤《うっぷん》を晴らすような形になります。そのうえ、大学様のためにもよくありません」

という意見もあった。

しかし、内蔵助たちは聞き入れず、とにかく切腹ということを決めた。この方針に従う者60名ほどは、内蔵助に神文《しんもん》を提出した。

江戸から下ってきた片岡源五右衛門《かたおかげんごえもん》・磯貝十郎左衛門《いそがいじゅうろうざえもん》・田中貞四郎《たなかさだしろう》は、

「切腹はいたしません。自分たちは特別なので、すぐに江戸に帰り、吉良殿を討ちます」

と言って帰っていった。

（『堀部武庸筆記』『江赤見聞記』より）


——ずいぶん意見が割れていたんですね。でも、大勢を占めていたのは切腹という選択肢だったんですか。

はい、主君の敵の吉良が生きているからでしょう。主君は切腹になって、吉良は生きているというのにおめおめと城を引き渡したりすると、武士のメンツが立ちません。だから、抗議の意味も含めて切腹しようということでしょう。

――そこまですれば、幕府は動いてくれるものなのでしょうか。

それはわかりませんね。どちらかといえば、可能性は低いと思います。だから、国元へ下ってきた片岡たちは、切腹なんかできないと断っています。そんなことをするより、吉良邸に討ち入って死ぬほうがいいと考えたんでしょうね。

――しかし、「自分たちは特別」とは、なかなか自分ではいえませんよね。

そうですね（笑）。ただ、片岡たちは小姓で、藩主の側近ですから、先にもふれたように浅野との関係が非常に密接です。だから、一般の藩士たちとは違うことを強調したかったんじゃないでしょうか。

大石は、赤穂城に籠城するのは幕府に反抗することになるけれども、大手門での切腹なら、幕府も意をくんで吉良を処罰してくれる可能性がある、と考えたのかもしれませんが、結局切腹はしませんから、切腹という方針を出して、本当に味方する藩士を見きわめようと思った、という説もあります。

ただ、主君のあとを追って切腹することは、当時それほど珍しいことじゃありません。といっても、このころには殉死は禁止されています。殉死が禁止になったのは、これより三十数年前のことですから、まだ記憶にはあったと思いますが。

――殉死って、禁止されていたんですか？

はい。弊害が大きかったからです。森鷗外の小説『阿部一族』で有名な熊本藩主の細川忠利には19人、佐賀藩の鍋島勝茂には26人もの家臣が殉死しています。

あまりにも犠牲が大きいですから、幕府は寛文３年（１６６３）５月23日、「武家諸法度《ぶけしょはっと》」を出すと同時に、別紙の書き付けで殉死禁止令《じゅんしきんしれい》を出すんです。武家諸法度は将軍の代替わりごとに出される大名に対する法律で、このときの将軍は、四代家綱です。紹介しましょう。

殉死禁止令

「殉死は、古《いにしえ》より不義無益の事也と誡《いまし》め置くといえども、仰《おお》せ出《いだ》されこれなき故《ゆえ》に、近年追腹《おいばら》の者余多《あまた》これあり候《そうろう》、向後《きょうこう》、さようの存念《ぞんねん》これある者には、常々その主人より殉死仕《つかまつ》らず候様《そうろうよう》に、堅く申し含むべく候、もし以来これあるにおいては、その亡主不覚悟の越度《おつと》たるべし、跡目の息も、抑留《よくりゅう》せしめざる儀《ぎ》、不届きに思《おぼ》し召さるべき者也」

——殉死は、古くから不義無益のことであるといましめていたのであるが、禁止すると仰せ出されていなかったので、近年、追腹（主君のあとを追って切腹すること）の者が多く出るようになった。今後、殉死しようという考えがある者には、常々その主人より、殉死しないようにきつく命じておくべきである。もし、今後、殉死があったならば、その死んだ主人の不覚悟な落度とする。跡目を継いだ者も、殉死を止めなかったことを不届きだと（将軍が）お考えになる。

殉死が出ると、跡目を継いだ者も不届きだと思う、というのですから、かなり厳しい態度をとっています。それでも、殉死は、主君と愛情で結ばれた家臣にとっては願いでもありました。だから、禁止令が出た3年後、下野《しもつけ》宇都宮藩主の奥平忠昌《おくだいらただまさ》が死んだとき、杉浦という家臣が殉死するという事件が起きました。

幕府は、これを許したら、結局禁止令が有名無実化すると考えて、宇都宮藩の領知を2万石減らし、杉浦の子どもを斬罪《ざんざい》にしたんです。これで、もう殉死する者はなくなりました。

——時代とはいえひどいですね。しかし、そんな状況の中で、切腹しようという家臣が60人もいたとは……。神文《しんもん》というのは、どういうものなんですか？

神文というのは、約束の言葉を書いて、それを破ると神様から罰を受けてもいい、という誓いの言葉を書く文書の形式です。起請文《きしょうもん》ともいいます。

この「神様に誓う」というのはどういうことかというと、紀州（和歌山県）の熊野神社のお札《ふだ》の裏に書くんです。このお札は、熊野神社に行けばいまでも売っています。

3 堀部安兵衛ら、赤穂に下る

江戸では、堀部安兵衛らの強硬派が、吉良上野介が存命で、そのうえ傷も軽いことを知っていきりたっていた。

安兵衛と高田《たかだ》郡兵衛《ぐんびょうえ》、奥田《おくだ》孫太夫《まごだゆう》（兵左衛門《へいざえもん》）の３人は、江戸藩邸の重臣たちに吉良邸討ち入りを相談してまわるが、だれもそれに賛成しない。

そこで、３人だけでも討ち入ろうかと吉良邸の様子をうかがったところ、上野介の実子である米沢藩主上杉綱憲《うえすぎつなのり》らが、吉良邸を訪問し、厳重に警戒していた。

これでは、討ち入ったとしても、返り討ちにあうのは目に見えている。

「ただ、自分たちの〝一分《いちぶん》〟を晴らすためだけに犬死にする道理はない」

と考えた堀部らは、国元の藩士たちと合流したほうがよいと考え、赤穂に下った。

安兵衛は、４月５日に江戸を発《た》ち、同月14日、赤穂に到着した。

３人は、大石内蔵助に会って、主張した。

「上野介が生きている以上、この城を離れては、どちらに顔を向けてよいかわかりません。籠城して、城を枕に死にましょう」

しかし内蔵助は、答えた。

「そのことは、もう議論したことだ。親類の戸田采女殿や浅野大学殿から、首尾よく城を明け渡すようにとの手紙もきている。もし籠城して、後日、大学殿の命令だというようなことになると、大学殿も処罰され、浅野家の名跡《みようせき》（家名）まで失うことになる。今回は、籠城はやめ、大学殿の一分が立つように成り行くかどうか、しばらく見届けたいと思う」

３人は、この答えには納得しなかった。

しかし、家老の立場としては、浅野家の名跡を大事にすることもありうることである。

そこで、内蔵助を除いて話をしたほうがよいということで、番頭《ばんがしら》（馬廻の武士の隊長）奥野将監（１０００石）と会って話をした。しかし、奥野は、内蔵助を除いて話をすることはできないと断った。

そこで堀部らは、もう一度、内蔵助と話をした。

内蔵助は、次のように堀部らを説得した。

「おのおのは、この度は内蔵助に従おうと思ってはるばる赤穂まで下ってきたのだから、まずこの度は内蔵助に任せよ。これが最後というわけではない。以後の含みもある」

こうして堀部らは、内蔵助の言葉に従うことにし、赤穂城の引き渡しを見届けたうえで江戸に帰った。

(『堀部武庸筆記』『江赤見聞記』より)

——堀部安兵衛が血の気が多かったことは、ちゃんと史実に残っているんですね。

はい。堀部安兵衛らは、すぐにでも吉良を討ちたかったのですが、事件のすぐあとで警備が厳しかったので、赤穂に下って仲間を募ろうとしました。片岡源五右衛門らの側近たちは、「亡き主君の無念を晴らしたい」という気持ちが強かったようですが、堀部らは、「主君の恨み」というより、武士の「一分《いちぶん》」を問題にしています。

「一分」というのは、「面目」というのとおなじような意味で、武士としての誇りを傷つけられたときに譲れない一線、といったようなことです。これは、堀部安兵衛の覚書にもよく出てきますし、同じ時代の井原西鶴の小説にもよく出てくる言葉です。そのころは、武士も町人も、メンツを大変重視して、よく「一分」という言葉を使っていますね。

――堀部安兵衛といえば、たしか高田の馬場で仇討《あだう》ちの助太刀《すけだち》をしたんですよね。

そうです。安兵衛は浪人だったんですが、高田の馬場で伯父さんの仇討ちの助太刀をして有名になり、赤穂藩の江戸お留守居役《るすいやく》（江戸で幕府や他藩と交渉する役）を務めたこともある堀部弥兵衛《ほりべやひょうえ》に見込まれ、弥兵衛の娘と結婚して、養子になったんです。

仇討ちは、父や兄といった、自分の尊属にあたる者が殺された場合に、その殺した相手を殺して復しゅうを果たすことをいいますが、仇討ちの際は、幕府に届け出て許可をもらう必要がありました。また、助太刀を頼む場合は、それも届け出なければなりませんでした。安兵衛が助太刀をしたのも、きちんと幕府から許可をもらっていたわけです。敵《かたき》討ちともいいますね。

安兵衛は腕に覚えもあったと思いますし、浪人だった自分を侍として雇ってくれた恩義も感じていたんでしょう。江戸藩邸の重臣たちが動かないので、国元の家臣たちを説得すれば、吉良邸へ討ち入る同志を募れると思ったんでしょうね。でも、国元の家臣たちの意見はまとまらず、切腹するという者もいて、結局、愛想をつかしたということでしょう。

――大石のいう「以後の含み」というのが討ち入りのことですか？

いえ、この時点ではそこまで考えていたかどうかはわかりません。ただ、浅野家本家をはじめとして、一門の大名から城をとどこおりなく引き渡せという指示がきている以上、籠城すると一門にも迷惑がかかります。だから、城は引き渡すしかないと考えていたのでしょう。しかし、吉良が生きている以上、このままで終わらせるつもりはない。

でも、即討ち入り、というわけではなく、とりあえず可能性のあるのは、主君の弟浅野大学長広による浅野家再興でしたので、まずはこれを目指そうということだったんじゃないかと思います。

ただ、あとでくわしく話しますが（１０９ページ）、単に浅野家再興というわけじゃありません。浅野家が再興されるだけではなく、吉良になんらかの処分がないとだめだと考えていました。

4 赤穂城引き渡し

元禄14年（1701）4月12日、大石内蔵助は、赤穂城明け渡しを決意した。その日の夜、次席家老の大野九郎兵衛は、赤穂を出奔《しゅっぽん》し、行衛知《ゆくえし》れずとなった。責任ある地位の者が、理由も告げずにいなくなったのだから、これは裏切り行為であった。

赤穂城の引き渡しが行なわれたのは、同月18日のことである。

赤穂藩側は、大石内蔵助と大野の代理として番頭の奥野将監が、上使の荒木《あらき》十左衛門《じゅうざえもん》と榊原采女らを本丸に案内した。

本丸に入った上使たちが、金の間というところで休息し、お茶を出されていたとき、内蔵助がまかり出て、次のように嘆願した。

「内匠《たくみ》儀《ぎ》が不調法《ぶちょうほう》の仕形《しかた》につき御仕置《おしおき》を仰せ付けられた段は、とかく申し上げようもございません。しかし、権現様《ごんげん》（徳川家康）以来御奉公申し上げた家が断絶するのは、ひとしお残念でございます。閉門を仰せ付けられている弟大学が、御奉公を務めることができるほどの首尾になるよう願い奉ります」

しかし、上使たちはなにも答えず、座を立った。

次に上使が大書院に入っていったとき、また内蔵助がまかり出ていって、同じ嘆願をした。

これにも返答はなかった。

検分が終わって上使が城を出る際、玄関でお茶を出されたとき、またまた内蔵助が出ていって、同じ嘆願をした。

見かねた幕府勘定方の石原新左衛門《いしはらしんざえもん》が、荒木に向かい、

「これは帰府のうえで御沙汰《ごさた》されてもよいのではないでしょうか」

と水を向けた。

荒木は、副使の榊原に向かい、

「江戸に帰ったら、その件を御老中方《ごろうじゆう》に申し上げようか。采女殿はいかがお考えか」

とたずねた。

榊原も「なるほど尤《もっと》も」と答えたので、荒木は、内蔵助に

「江戸に帰り次第、御老中にお話しするので、御家来中にその段を申し聞かすように」

と告げた。

翌日、脇坂淡路守と木下肥後守が入城し、鉄砲や弓矢、鎗《やり》などの武具を接収した。これらの武具は「城付き」のもので、大名個人の財産ではなく、幕府に引き渡すこととされていた。

元禄14年（1701）4月19日、赤穂《あこう》城の引き渡しが終わった。幕府大目付《おおめつけ》荒木十左衛門は、「勝手次第に引き払うように」と指示した。

大石内蔵助《おおいしくらのすけ》ら17名の主立った家臣と矢頭長助《やとうちようすけ》ら勘定方の小役人《こやくにん》（最下級の役人）は、さらに城下に残って残務整理を行なった。残った者には、4月19日から5月21日まで幕府から扶持方《ふちかた》（手当）が下された。

（『江赤見聞記』より）

――大野九郎兵衛は、次席家老でありながらその日の夜のうちに逃げ出しているんですね。美談のほうにばかり目が行きますが、そんな家臣もいたんですね。

ええ。でも、このころは、主従関係も希薄になった面もあって、経済政策などの腕をかわれて家老になった大野なんかは、内匠頭個人に仕えるというより、能力で赤穂藩に仕えたという気持ちだったのかもしれません。そうだとすれば、赤穂藩がなくなったいまとなっては、もう義理を果たす必要もないと考えても無理はありません。

それに、それ以前にも、切腹か籠城かを決めかねているころ、すでに大石たちの議論についていけなくて、赤穂を離れた人もいたぐらいです。

荒木らとしては、権限外のことだから、なんとも答えかねる嘆願なんですが、内蔵助のあまりの必死さに、「江戸に帰ったら、老中にお話ししてみる」と言わざるをえなかったんでしょう。

――赤穂城を引き渡したあと、家臣たちはどうなったんですか？

家臣たちは、もう4月15日限りに家屋敷を引き渡すように、と命じられていました。家臣たちの屋敷は、浅野から与えられたものですが、私有財産ではありませんから、御家お取り潰しになれば、家臣の屋敷も引き渡さなければなりません。ただ、城を引き渡す役目を負った大石内蔵助とその他数名の者だけが、15日以降もしばらく自分の屋敷を使うことが許されました。

家臣たちは浪人になったうえ、家も失うことになるわけですから、内蔵助は、赤穂藩に残った財産を、家臣たちに分配しています。

まず4月5日には、この年の分の切米《きりまい》を支給したうえに、「割符金《かつぷきん》」を渡しています。切米というのは、給料としてもらう米のことですから、赤穂藩士たちは、この年の給料は保障されたことになります。これに加えて、藩士ひとりひとりに割符金、つまり分配されたお金を渡しています。退職金みたいなものですね。藩に残った財産を、身分に応じて分け与えたんです。

馬廻《うままわり》以上の武士は高100石につき	金18両
中小姓組《ちゅうごしょうぐみ》（馬廻の下に位置する下級の上の武士）	金14両
中間《ちゅうげん》ぬけ（不明。誤記されたと思われる）	金11両
歩行《かち》組（徒歩で従軍する下級武士）	金10両
同並役人《なみやくにん》（徒歩身分の役人）	金7両
小役人《こやくにん》（最下級の役人）	金5両
持筒《もちづつ》（鉄炮隊の下級武士）	米3石
足軽《あしがる》（最下級の武士）	米3石
水主《かこ》（藩の船の船員）	米3石
長柄《ながえ》の者（鎗《やり》隊の下級武士）	米2石
定番人《じょうばんにん》（領内に配置された番人）	金3両2分

（『江赤見聞記』より）

◎大石内蔵助が渡した割符金

大名の領地は幕府が与えたものという建て前がありますが、藩が蓄積したお金や米は大名の財産です。赤穂藩の場合は、藩主が切腹してもういないので、家老の内蔵助が家臣に配分すると決めたんでしょう。

そして、4月15日の引っ越し期限の日に、中小姓以上に金6両ずつ、歩行組以上に金2両ずつ、小役人に金1両ずつの「足金《たしきん》」を渡しています。少し余ったんでしょう。

大石は、ほかにも、江戸勤番の者にも割符金を渡すことにし、江戸にのぼる者の路銀《ろぎん》（旅費）などもあわせると、このとき分配したお金や米の総額は、金４７３５両２分、銀11貫１８０目、米１５２５石となります。

銀60匁で1両ですから（66ページ）、11貫１８０目を金にすると１８６両ぐらいになります。これに金をあわせると、４９２２両ですね。１分《ぶ》というのは、１両の４分の１だから、２分は０・５両で、さっきの銀の端数とあわせて1両と数えればいいでしょう。

米1石は金1両ぐらいですから、あわせて小判にして６４４７両。１両を12万円とすると、７億７３６４万円になります。

ただ、大石自身は、この割符には入らなかったといいます。全体的に、身分の下の者に厚い配分になっていますから、給料の少ない者がすぐに困らないように、気を配ったんだと思います。

４月19日には、大石は、「今日城の引き渡しが済んだので、引き渡し担当の役人は自由に赤穂を去ってよい」と命じられています。でも大石は、さらに藩の残務処理のために用人、郡代、在々奉行ら諸役の者（表参照）を赤穂に残しています。すべてが終わって赤穂を去ったのは６月４日のことでした。

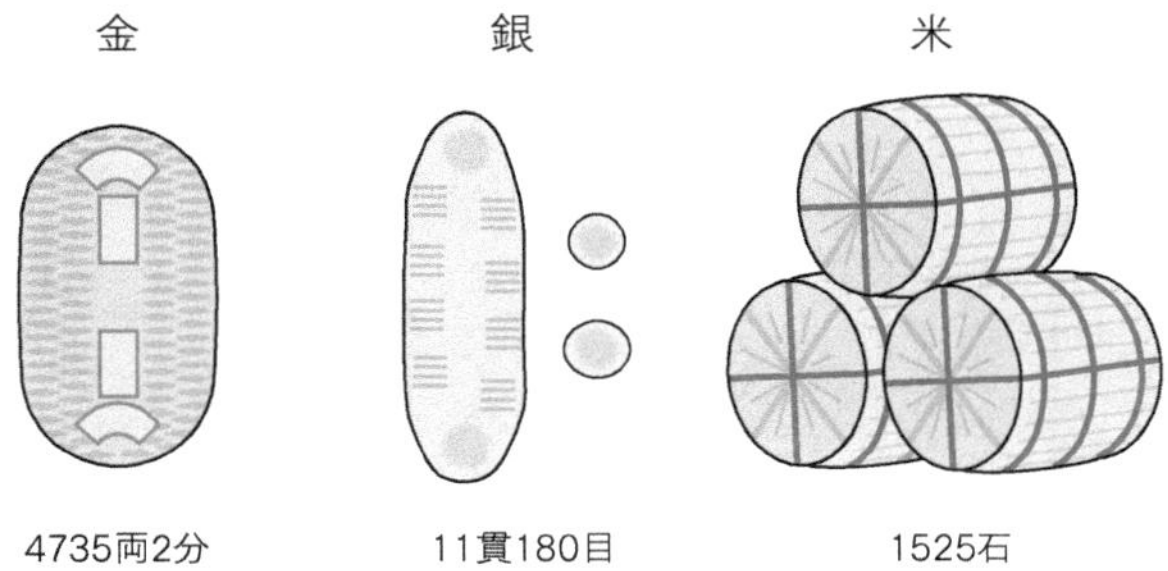

◎割符したお金や米の総額

家老	**大石内蔵助**
用人	田中清兵衛
大目付	**間瀬久太夫**
赤穂郡代	佐々小左衛門
加東郡代	**吉田忠左衛門**
在々奉行	山羽理左衛門　前野新蔵　幸田与三左衛門　渡部角蔵
武具奉行	沢木彦左衛門　三木団右衛門　灰方藤兵衛
宗門奉行	木村孫右衛門　堀田政右衛門
船奉行	里村津右衛門
作事奉行	井上伝七　磯崎弥七
屋敷改	吉沢与一右衛門　白石五左衛門　下石平右衛門
勘定人	**矢頭長助**　畑勘右衛門　岸佐左衛門
物書役	**中村勘助**　梶半左衛門　人見三太夫
	富松九平次　生瀬十左衛門　荻野孫之丞

※「残り人之覚」(『忠臣蔵』第三巻) による。『江赤見聞記』では、木村岡右衛門、潮田又之丞も残っている。

◎残務整理を行った藩士

5 浅野内匠頭の法要

浅野家の遺族は、内匠頭の葬儀を遠慮していた。

しかし、幕府からは、内匠頭は将軍に対して含むところがあって刃傷したわけではないから、葬儀をすることは問題ないという指示があった。

そこで、4月12日から14日にかけて、江戸、芝の泉岳寺《せんがくじ》において法要が営まれた。位牌《いはい》や石塔なども、このとき、目立つように建立された。

戒名は、「冷光院殿前少府朝散大夫吹毛玄利大居士《れいこういんでんさきのしようふちようさんだゆうすいもうげんりだいこじ》」という。

6月24日には、百か日の法要が営まれた。堀部安兵衛・高田郡兵衛・奥田孫太夫の3人も赤穂から帰ってきて百か日の法要に参列した。

安兵衛らは、内匠頭の墓前で、

「我々志の者が行動し、一日も早く上野介の首を取り、御石碑の前へ差し上げ申したいと存じております」

と誓った。そして、

「亡き殿が御本意を遂げられず御切腹になったことは、臣として忍び難く存じます。赤穂の面々にも相談しましたので、御覚悟を決めてください」

という安兵衛らに、赤穂藩の江戸家老であった安井彦右衛門は、

「浅野家の再興がなれば、亡き殿は吉良の首を御覧になるよりはどれほどお喜びになるかしれない」

と諭した。

しかし、安兵衛らは、

「殿は、２つとない命を捨てたのですから、吉良の首さえ御覧になれば、必ずお心に叶《かな》うことだと存じます。我々は亡き殿のみを主君に仰《あお》ぐのであって、内匠頭様以外に主君はありません。大学殿の御家を立て、主人の仇を差し置くことはできません」

と答え、以後安井とは音信不通とした。

すぐにでも吉良邸に討ち入りそうだった磯貝十郎左衛門や片岡源五右衛門は、源助橋（現、新橋4丁目）あたりに酒店を出して町人になり、つきあいも避けるようになった。

安兵衛は、江戸詰めの者たちがこうまで腰ぬけだとどうしようもないということで、しばらくは行動を起こさず、国元の者と相談していくほかはないと考えた。

（『堀部武庸筆記』より）

――浅野の戒名はずいぶん長いですね。

そうですね。「〇〇院殿△△□□大居士」というのは、最高の戒名です。罪人としてではなく、ふつうに死んだ大名として遇されたことがわかります。「前少府《さきのしょうふ》」の少府は、内匠寮《たくみりょう》のことですから、生前は内匠頭だったということ。「朝散大夫《ちょうさんだゆう》」は従五位下《じゅごいのげ》（39ページ）のことです。「吹毛玄利《すいもうげんり》」というのは、吹毛が道号で玄利が諱《いみな》、つまりその人の死後の名前です。「冷光《れいこう》」は称号です。だから、これ以後、内匠頭を呼ぶときは、「冷光院様」ということになります。

――それにしても、江戸家老と安兵衛では、ずいぶん考え方が違いますね。

そうですね。これは、主従関係というものを考えるうえで、大変重要な違いです。主従関係を家を中心として考えれば、浅野は主君のひとりであって、浅野が死ねば次の主君に仕えればよい、ということになります。代々その家に仕える家老などは、そう考える人が多いです。

でも、主従関係は、「現在の主君と自分とのパーソナルな関係」だと考えれば、主君が死ぬと、主君のあとを追って腹を切る殉死などということも起こるわけです。

そういう武士にとっては、主君が恨みを残して死んだのに、それをそのままにしておいて新しい主君に仕えることなんかできない、と考えてもあたりまえです。

赤穂城を引き渡すとき、もし意見がまとまれば、大石たちは本当に切腹していたかもしれません。大石たちが大手門で切腹しようと最初に決めたのは、はったりじゃなかったと思います。

ただ、上使が大石の嘆願を聞いてくれたから、そのなりゆきを見るため、しばらくは切腹はやめておこうということだったんじゃないでしょうか。

このころでも武士は、「主君のためにいつでも死ねる」という覚悟は持っていました。それが、討ち入りまで続いたと考えてもいいと思います。

でも、赤穂藩の藩士たちは、みんながみんな討ち入りに参加したわけじゃないですし、47人が討ち入り決行で結束するのは、まだまだあとのことになります。

――磯貝や片岡は、町人になってしまったんですか？

そうですが、それは主君の敵を討ちたいのはやまやまだけど、いま暴発すれば返り討ちにあうだけだから、時期を待とうとしたんじゃないかと思います。浅野と深いところでつながっている小姓出身者だけに、安兵衛のような威勢のいい新参の家臣とは一線を画そうというプライドもあったんでしょう。

第3章　江戸急進派と大石内蔵助

～討ち入りか、浅野家再興か

1　大石内蔵助の山科隠棲《いんせい》

大石内蔵助は、6月4日に赤穂を引き払い、大坂ですでに赤穂から立ち退いていた家族と合流した。家族は、妻のりくと長男松之丞《まつのじょう》（のち主税良金《ちからよしかね》）、次男吉千代《きちちよ》（のち吉之進《きちのしん》）、長女くう、次女るりの子ども4人である。

内蔵助が居を定めたのは、京都郊外の山科郷西野山村《やましなごうにしのやまむら》である。内蔵助の一族で物頭《ものがしら》（徒士《かち》の隊長）を務めていた進藤源四郎《しんどうげんしろう》が代々ここに田地を所有しており、その縁を頼ってここに居を定めたのである。

内蔵助は、「池田久右衛門《いけだきゅうえもん》」と改名し、進藤が保証人になってここに田地を買い、家を建てて家族で暮らしはじめた。

山科の内蔵助のもとには、旧赤穂藩士が訪ねてきて、

「当春、赤穂では、了見違いで神文《しんもん》を提出しませんでしたが、もとより心底に相

違はございませんので、今後は御指図通りにいたします」
と申し込む者もあった。
内蔵助は、たしかな決意がありそうな者は、吟味を遂げたうえで神文を取り、一味に加えた。
（『江赤見聞記』より）

――赤穂城の引き渡しが、元禄14年（1701）4月19日に終わって、吉良の屋敷へ討ち入るのが元禄15年12月14日ということは、討ち入りまでに1年半もかかっているんですね。この間、大石は何をしていたんですか？

大石が堀部安兵衛《ほりべやすびょうえ》に言ったように、まず、浅野家再興を幕府に嘆願していました。もし浅野家が再興されれば、浪人になった者たちもまた召し抱えられますし、それまでがまんすればいいと思っていたんじゃないでしょうか。

代々筆頭家老を務めた大石家の知行《ちぎょう》は、1500石でした。知行というのは、領地から年貢を取る権利のことで、四公六民、つまり4割を年貢で取るとすれば、600石の収入

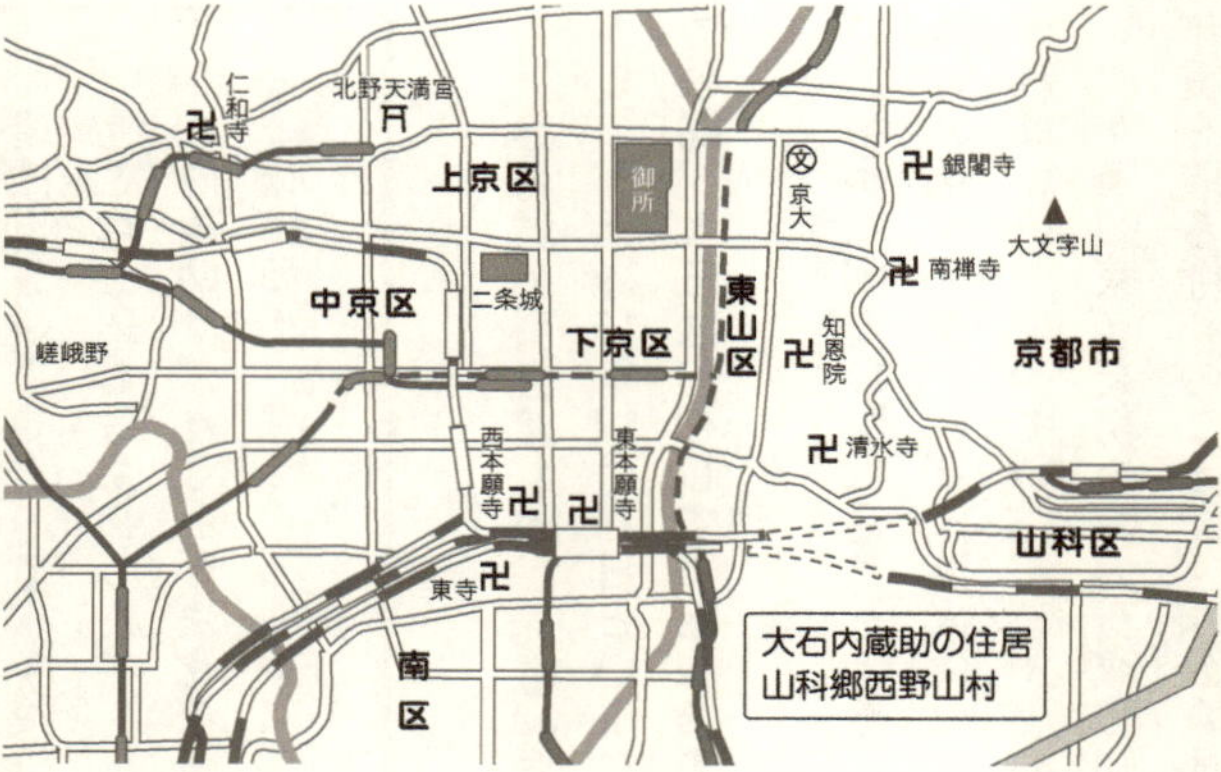

◎大石内蔵助の山科の隠棲地

があったことになります。

赤穂事件が起こった元禄のころは、米1石(約150キログラム)の値段が金1両でしたから、年収600両です。金1両を12万円とすると、年収7200万円になります。少なく見積もって、米価で換算して1両＝6万円としても、3600万円にはなりますので、田地を買って家を建てても、まだやっていけるだけのお金はありました。

ただ、討ち入りに参加した武士は、みんながみんな大石のような上級家臣じゃありません。5万石の赤穂藩の場合、中級クラスの武士である馬廻《うままわり》(60ページ)だと、150石から200石です。

知行高が多いほうからいくと、足軽頭《あしがるがしら》(60ページ）の原惣右衛門《はらそうえもん》が３００石、同じく吉田忠左衛門《よしだちゅうざえもん》が２５０石、大目付（藩士の監察役）の間瀬久太夫《ませきゅうだゆう》が２００石です。それに、１５０石以上の馬廻が18人です。物価の安い地方でこのくらいの知行取りなら、それなりに裕福といえます。知行取りというのは、給料を領地で与えられる身分の武士のことです。ただし、17世紀後半には、知行取りでも領地は藩が一括管理し、藩庫から年貢相当分の米を支給されることが多くなっています。

一方、下級武士では、近習《きんじゅう》（藩主の側近く仕える家臣）だった大高源五《おおたかげんご》や倉橋伝助《くらはしでんすけ》が20石５人扶持《ふち》、武林唯七《たけばやしただしち》が15両３人扶持です。

扶持というのは、家来を養うための手当のことで、１人扶持につき１日５合の米が支給されます。中小姓《ちゅうごしょう》以下のこういう武士を「無足《むそく》」といって、知行地を持たない格式の武士を指します。討ち入りに参加した47人のうちでは、16人もいます。

――中級の２００石クラスの武士だと、年貢が４割で80石で、１石12万円とすると９６０万円ですか。いまなら十分高給ですね（笑）。

そうですね（笑）。でも、徒士《かち》（城の警備や藩主の行列に従う者）の横川勘平《よこかわかんぺい》なんかはたった5両3人扶持で、徒目付《かちめつけ》（38ページ）を務めていた茅野和助《かやのわすけ》や神崎与五郎《かんざきよごろう》は、5両3人扶持に役料が5石プラスされるだけです。

5両は、小判で5両もらえます。ですから、年収60万円です。それに手当として、3人分の扶持米《ふちまい》がもらえる。1人扶持は、1日5合の割合で1年間だから、1石8斗《と》2升《しょう》5合です。昔の容積の単位は、

1合《ごう》（180ミリリットル）
10合＝1升《しょう》
10升＝1斗《と》
10斗＝10石《こく》

となっていましたから、3人扶持だと5石4斗7升5合。これは、一部はお金に換え、一部は自分と家族の飯米《はんまい》（食糧）になります。

——そうすると、大高源五などの20石5人扶持の場合、20石と5人扶持分の米が支給され

たということですね？

そうです。これは、「切米《きりまい》」といって、藩の米蔵から支給されるもので、自分の領地を持っていたわけじゃないんです。

――そうですか。でも、どうして切米で20石という人と小判で5両という人がいるんですか？

それは、召し抱えられたときの事情によるんじゃないかと思います。津山藩森家が改易《かいえき》（64ページ）されて、赤穂藩に召し抱えられた茅野和助、横川勘平、神崎与五郎などは、５両３人扶持ですから、とりあえずお金でわずかな給料を与えて、働きを見ようというようなことで、そうなったんじゃないかと思います。

――いまでいう試用期間みたいなものですね。

そうですね。吉田澤右衛門《よしださわえもん》の場合は、親の吉田忠左衛門が現役の足軽頭で２００石（役料50石）の知行取りですから、吉田家を継ぐまで13両３人扶持で働け、ということだったと思います。そういう意味では、小判でもらうのは一時的なもので、本来は20石５人扶持といった「切米プラス扶持」が基本だったんでしょう。

このクラスの武士が浪人になると、最初は割符金を取りくずしていってどうにかなったかもしれませんが、長くは続きません。同志の中には、大石が管理していた準備金の中から生活補助を受けていた者もいます。

2　浅野家再興の運動

大石内蔵助は、浅野家の祈願所であった赤穂の遠林寺《えんりんじ》の僧祐海《ゆうかい》を通じて浅野家再興の工作を行ないはじめた。

祐海は真言宗の僧だったから、将軍綱吉の帰依する真言宗護持院《ごじいん》の隆光《りゅうこう》大僧正《だいそうじょう》を通して、浅野内匠頭《たくみのかみ》の弟大学に浅野家再興を許してもらおうと嘆願した。

内蔵助は、祐海に浅野家再興についての方針を次のように述べていた。

「嘆願は、浅野大学様の赦免《しゃめん》のことではない。赦免があったときに、首尾よく人前《ひとまえ》がなるように、面目が立つように、というものなのだ」

内蔵助の考えは、

「もし大学様が許されて勤務するようになっても、吉良《きら》も勤務を続けているようなら、大学様の〝人前〟はならない。といって、吉良に厳しい処分をしてくれと嘆願するわけではない。ただ、吉良が出勤することがないようになり、大学様も赦免されれば、人前がなってほかの方々と交際することもでき、面目が立つのである」

というものだったのである。

浅野家再興のめどは、内匠頭の一周忌《いっしゅうき》であった。そのころまでには、大学に対する幕府の処分が決まるはずだった。

（『江赤見聞記』『堀部武庸覚書』より）

――「祈願所」というのは、どのようなものだったんですか？

浅野家が当主や一族の繁栄や無事をお祈りする寺で、領地の中で格式の高い寺です。祐《ゆう》海《かい》は、遠林寺《えんりんじ》という真言宗のお寺の住職で、おなじ宗派だったんで、綱吉が帰依する護持《ごじ》院《いん》（地図33ページ）の隆光大僧正《りゅうこうだいそうじょう》に嘆願しようとしたんです。

江戸に出た祐海は、愛宕下《あたごした》にあった江戸での浅野家祈願所、鏡照院《きょうしょういん》に宿泊して機会を待ちました。

——綱吉が帰依する大僧正に嘆願すれば、浅野家再興は可能性があったんですか？

それはなかなかむずかしかったんじゃないかと思います。もちろん、５万石の領地を１～２万石に減らして浅野大学に与えるという可能性がなかったわけじゃない。でも、綱吉は、浅野の行動を憎んで即日切腹を命じたわけですし、そうかんたんに浅野家再興というわけにはいかないだろうと思います。

そのうえ、大石は、ただ浅野家再興をいっているわけじゃなく、再興された場合に大学の「人前《ひとまえ》がなる」ように、といっています。

「人前がなる」というのは、「面目が立つ」とか「一人前になる」というニュアンスの言葉で、昔の武士は、よくこういう言い方をしました。

それで、再興されたときに、大学の人前がなるようにするには、吉良になんらかの処分が申し渡されていなければなりません。しかしそれは、綱吉が自分の誤りを認めたことになりますから、できない相談なんです。

大石は、もし浅野大学が１００万石の領地をもらっても、兄が切腹をするのを見ながらなにもしないのでは、とうてい「人前」はならない、といっています。この点は、堀部安兵衛らもおなじ意見で、だから吉良を討つしかないと、大石に迫っているんです。

浅野家の本家は、国持《くにもち》大名の広島藩ですから、助けてくれてもよさそうなものですが、大学は閉門（48ページ）中だから御家再興の嘆願などできない、と冷たい答えしかしていません。

ちなみに、国持大名というのは、1国以上、あるいはそれに相当する領地を持つ大名のことです。当時は、20人ほどいました。

大石は、浅野家の本家や親類の大垣藩戸田家へ援助を求めていましたが、なんといっても殿中の刃傷《にんじょう》で将軍綱吉のウケが悪すぎますから、時期を見てということだったんだと思います。

——ところで、盟約に加わっていた人たちは、その後、どこに住んでいたんですか？

それについては、『堀部弥兵衛金丸私記《ほりべやひょうえあきざねしき》』や『江赤見聞記《こうせきけんぶんき》』に記録があります。

元禄14年（1701）の暮れから翌年春ごろまでの住所は、京都・伏見・大坂・奈良に41人、赤穂と赤穂藩領だった播磨《はりま》国加東郡（兵庫県）に31人、江戸に20人です。そのころは、同志が100人ほどいました。

大石は、京都・大坂・尼崎あたりにいる者に、住所を知らせるよう命じていたと、『浅《あさ》野《の》内匠《たくみ》殿《どの》家《け》来《らい》松平隠岐守《まつだいらおきのかみ》江《へ》御《お》預《あず》け一件』に書いてあります。

この史料は、討ち入りに成功したあと、松平家に預けられた浪士が話していることだから、まちがいありません。大石は、山科を根拠地にして、同志の居場所はつかんでいたんですね。

——浪士たちの生活はどうだったんでしょうか。

特に下級家臣はたいへんだったようです。『預《あずかり》置《おき》候《そうろう》金《きん》銀《ぎん》請《うけ》払《はらい》帳《ちょう》』（145ページ）によれば、矢《や》頭《とう》右衛門《えも》七《しち》が「飢渇に及んだ」ということで、内蔵助が進藤源四郎や岡本次左衛門と相談して、金3両を渡しています。右衛門七は、残務処理にあたった勘定方の矢頭長助の子で、長助が病気になったため生活に困窮したようです。幼名は亀之丞で、長助は自分に代わって討ち入りに参加させるため、元服させて右衛門七と名乗らせました。

江戸
富森助右衛門 **赤埴源蔵** **矢田五郎右衛門**
堀部弥兵衛 **堀部安兵衛** 松本新五左衛門
片岡源五右衛門 田中貞四郎 **磯貝十郎左衛門**
杉野十平次 **奥田孫太夫** 奥田小四郎
倉橋伝助 **前原伊助** **勝田新左衛門**
中村勘助 **村松喜兵衛** **村松三太夫**
神崎与五郎 **横川勘平**
京都
小山源五左衛門 河村伝兵衛 **潮田又之丞**
大高源五 **小野寺十内** **小野寺幸右衛門**
杉浦順右衛門 **早水藤左衛門** 平野半平
灰方藤兵衛 **貝賀弥左衛門** 近藤新五
三輪喜兵衛 三輪弥九郎 井口忠兵衛
近松勘六 小幡弥右衛門 佐々小左衛門
武林唯七 進藤源四郎 小山弥六
奈良
大石孫四郎 **大石瀬左衛門** 幸田与三左衛門
大坂
原惣右衛門 原兵太夫 **千馬三郎兵衛**
中村清右衛門 中田藤内 **矢頭右衛門七**
嶺谷左衛門
江戸

（『堀部弥兵衛金丸私記』に考証を加えて作成。
太字は討ち入り参加者）

山科
大石内蔵助
大石主税
三村次郎左衛門
伏見
岡本次左衛門
岡本喜八郎
糟屋勘左衛門
糟屋五左衛門
田中序右衛門
近松貞六
菅谷半之丞
田中権右衛門
田中代右衛門
山羽理左衛門
赤穂
間喜兵衛
間新六
間十次郎
岡島八十右衛門
梶半左衛門
岡野金右衛門
榎戸新助
大塚藤兵衛
前野新蔵
茅野和助
各務八右衛門
小瀬十左衛門
土田三郎右衛門
佐藤伊右衛門
渡邊半右衛門
鈴木(田)重八(郎)
奥野為助
井口半蔵
木村孫右衛門
加東郡
吉田忠左衛門
吉田澤右衛門
寺坂吉右衛門
渡邊角兵衛
渡邊佐野右衛門
高谷儀左衛門
河村太郎右衛門
間瀬久太夫
間瀬孫九郎
多芸太郎左衛門
木村岡右衛門
高久長右衛門
上嶋弥助
山城金兵衛
京
赤穂
大坂
◎赤穂浪士の落ちつき場所

元禄14年（1701年）

3月20日 この頃	大石内蔵助が、藩札を6歩で両替。 片岡源五右衛門、磯貝十郎左衛門、田中貞四郎、赤穂へ （籠城か切腹か、城で対応について議論）
3月29日	大石は、多川九左衛門、月岡次右衛門の2人を上使に遣わして、吉良の処分について嘆願
4月 5日 〜	堀部安兵衛、高田郡兵衛、奥田孫太夫が、江戸をたち、赤穂へ。 大石は、この年の分の切米と割符金を家臣たちに分ける
4月12日	大石は、対応を切腹と決定。大野九郎兵衛が出奔。約60名が同意し、神文を提出。片岡、磯貝、田中は吉良を討つと再び江戸へ 泉岳寺で浅野内匠頭の法要
4月14日	堀部ら赤穂へ到着。大石などに、吉良を討つよう説得してまわる
4月15日	家臣たちはこの日までに、家屋敷の引き渡し完了
4月18日	赤穂城、明け渡し
4月19日	赤穂城の引き渡し完了。堀部らは再び江戸へ
5月21日	大石など17名の家臣と矢頭長助ら勘定方役人で残務処理
6月 4日	大石は赤穂を引き払う。 大坂で家族と会い、京都郊外・山科郷西野山村に隠棲
6月24日	浅野家の遺族が内匠頭の百か日の法要を営む。堀部、高田、奥田も参列

◎赤穂事件の流れ③　3月20日〜6月24日

3　江戸急進派の動き

元禄14年（1701）8月19日、吉良上野介《きらこうづけのすけ》は、幕府に屋敷替えを願い出、鍛《か》冶橋《じばし》内（現在、中央区八重洲2丁目）にあった吉良邸は、隅田川を越えた本所《ほんじょ》（現在、墨田区両国3丁目）に移転されることになった。上野介は、この土地に新しい屋敷を建てはじめる。

藩邸が密集する鍛冶橋内と違って、本所の地は当時は江戸郊外である。大名屋敷や旗本屋敷もあるが、討ち入るには恰好《かっこう》の場所である。

堀部安兵衛らは、吉良が本所に移ったときがチャンスだと考えた。9月ごろ、京都から原惣右衛門が、潮田又之丞《うしおだまたのじょう》、中村勘助《なかむらかんすけ》と江戸に下り、安兵衛らと話し合った。原は、もと300石の足軽頭で、討ち入り急進派のひとりである。かれらは、完全に安兵衛の意見に同調した。

10月には、進藤源四郎と大高源五が江戸に下った。かれらも安兵衛に同調した。

大石内蔵助は、安兵衛たちをなだめるため江戸に出ることに決め、11月2日、江戸に到着した。内蔵助は、瑤泉院《ようぜんいん》にあいさつしたり、赤穂城受け取りの上使である大目付荒木十左衛門や榊原采女《さかきばらうねめ》のところへ嘆願に行ったりした。

内蔵助を待っていた安兵衛は、内蔵助に討ち入りの期限を決めるよう迫った。内蔵助は、来年3月の亡君の一周忌には結論が出るようにしたいと約束した。そこで、時期が近づいたら京都で会合を持つことに決めた。原惣右衛門や大高源五は、家を借り、江戸に残って討ち入りの準備に入ることにした。

（『江赤見聞記』『堀部武庸筆記』より）

――吉良は、どうして幕府に屋敷替えを願い出たんですか？

刃傷事件のあと、吉良の疵は順調に回復します。しかし、切腹した浅野内匠頭の本家は

※当時の拡大図は215ページ。

◎吉良上野介の引っ越し先

国持大名である広島の浅野家で、またあまりに「片落ちの御仕置」だということで、世間の評判はひどく悪くなります。そのため、上杉家とも相談のうえ、3月26日、高家肝煎《きもいり》の地位を辞めました。そうなると、江戸城に近い屋敷に住み続けるのは恐れ多い、ということで、屋敷替えを願い出ていたようです。

また、隣の阿波（現在の徳島県）富田藩主5万石の蜂須賀《はちすか》家からは、浅野家旧家臣の討ち入りがあるのではないか、ということで昼夜警戒していて家臣たちが疲弊していました。そのため、内心では吉良の屋敷替えを願って、つてを頼って自藩の現状を老中に伝えたりしていたようです。

これが考慮されたかどうかはわかりませんが、幕府は、吉良の願いをあっさりと聞き届け、空き屋敷となっていた本所の松平登之助《まつだいらのぼりのすけ》の屋敷を与えたんです。

――討ち入りの準備というのは、どんなことをしていたんですか？

たとえば、潮田又之丞《うしおだまたのじょう》は、吉良家の家老に中間奉公《ちゅうげんほうこう》に出て、用をいいつかって吉良家に使いにいき、屋敷の様子を探ったりしています。中間というのは、武士に仕えて雑用に従事する武家奉公人のことです。

前原伊助《まえばらいすけ》は、浅野の切腹のあと江戸に残り、富沢町に家を借り、少し蓄えていたお金を元手に絹や木綿のきれを仕入れ、また自分の着物をほどいて切り売りして生活していました。

富沢町は、現在の中央区日本橋富沢町で、ここは、古着屋が集まる町だったんです。のちに本所相生町《ほんじょあいおいちょう》に引っ越しし、吉良邸が本所に移って普請《ふしん》していたときは、日傭《ひよう》取りになって屋敷内を偵察しています。日傭取りというのは、「日用」とも書きますが、いまでいう日雇い労働者のことです。前原は、元禄14年11月大石が江戸に下ったとき、同志に加わっています。

神崎与五郎は、大石の指示で、元禄15年（1702）4月末に江戸に来て、扇子の地紙

昔の地図

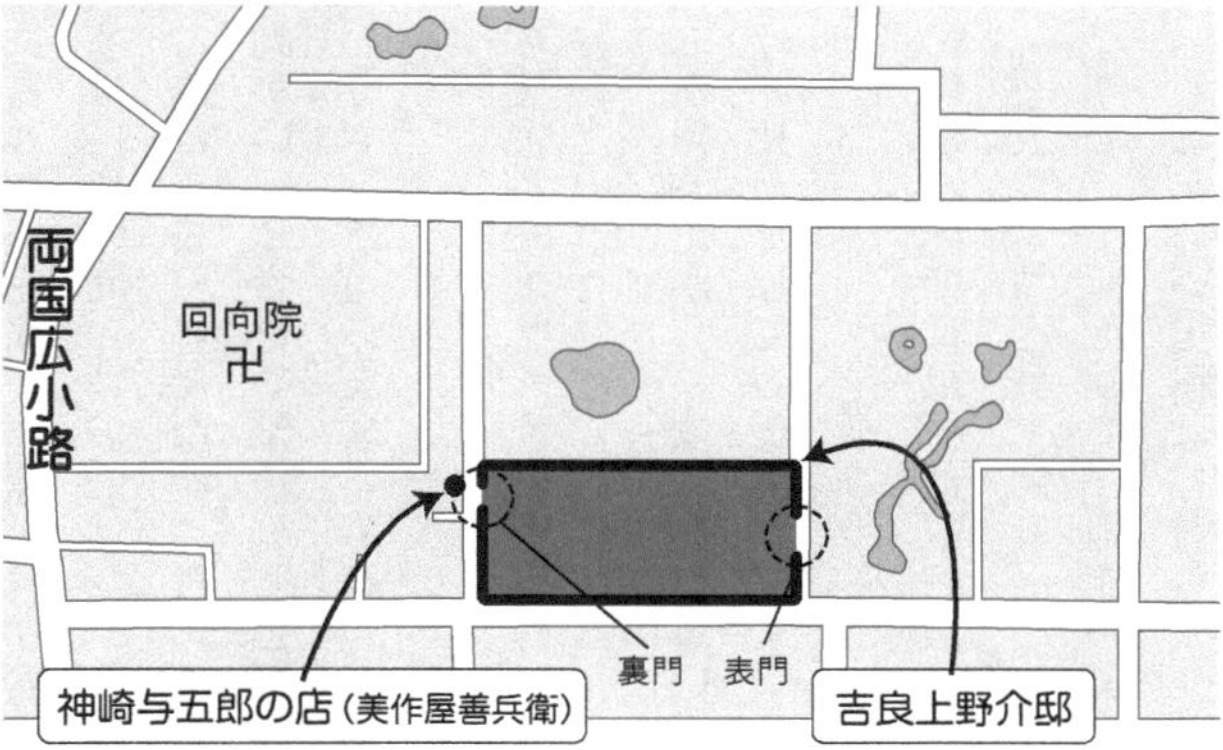

現在の地図

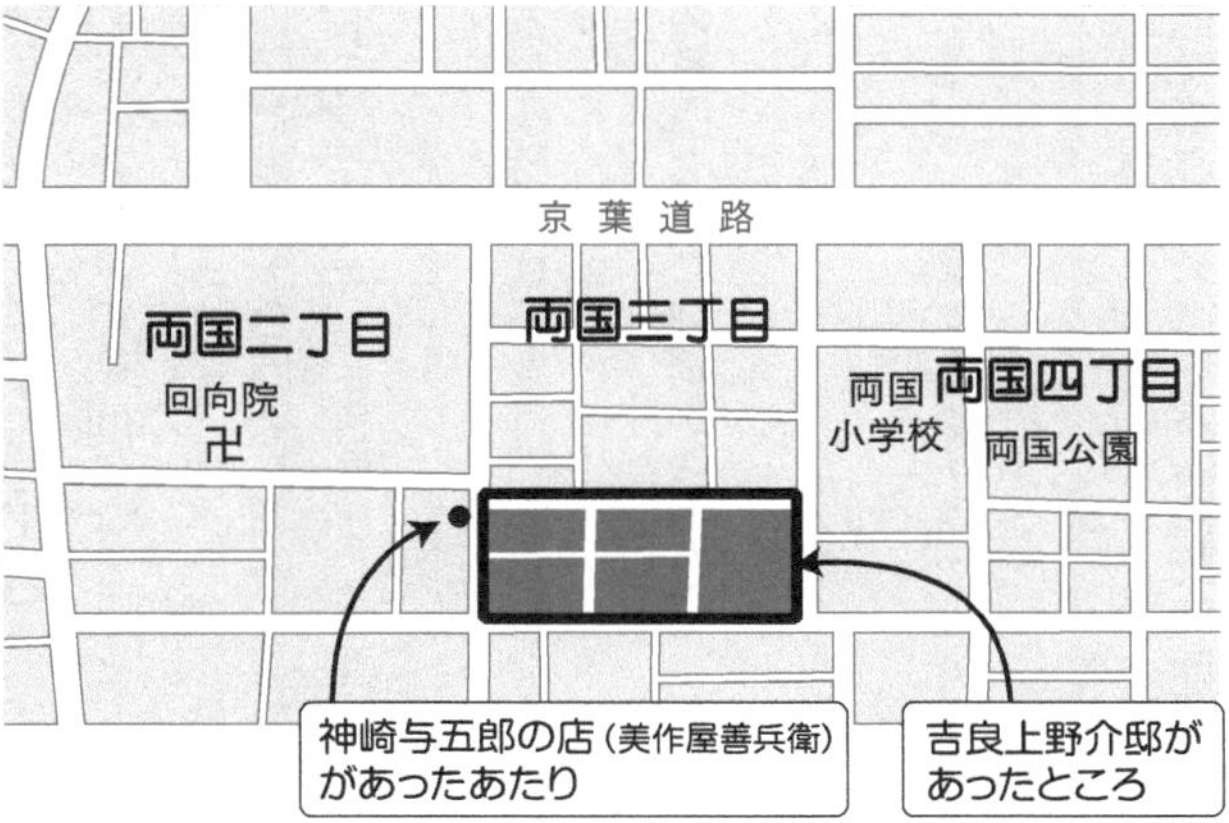

◎吉良邸と美作屋善兵衛の店があったところ

売りになっています。借家は麻布谷町《あざぶたにまち》（港区赤坂2丁目、六本木1〜2丁目）ですが、ここの大家は吉良の徒《かち》の者の伯父だったので、そのつてで吉良家の中間になろうとしたようです。これはうまくいかなかったんですが、その後、本所に引っ越して、吉良邸の辻番のある向かいへミカンや雑穀などを売る店を出し、屋敷の様子を偵察していました。名前は、「小豆屋善兵衛《あずきやぜんべえ》」と名乗りました。前原伊助も「小豆屋五兵衛《あずきやごひょうえ》」と名乗り、合流したようです。

途中で名前を変えたんでしょう。正体がばれないようにするためだったのかもしれません。

目的が目的だから、安く売っていて、吉良家の家臣もよく神崎から物を買ったり、屋敷に届けさせたりしていたようです。

そのほか、本所には、他家の浪人ということにして、赤穂の浪人たちが借家を借り、たくさん住んでいました。

かなりできすぎた話で、創作のように思えますが、いくつかたしかな史料が残っています。いちばんいい史料は、討ち入り後の浪士の話を書きとめている『浅野内匠殿家来松平隠岐守江御預け一件』です。これには、討ち入り後、松平隠岐守《まつだいらおきのかみ》に預けられた貝賀弥左衛門《かいがやざえもん》が語ったことが収められています。『江赤見聞記』にも似たようなことが書いてありますから、信頼できます。映画やテレビのストーリーは、だいたいこの史料によっています。

前原伊助や神崎与五郎は、身分の低い武士ですから、商人のまねをすることにあまり抵抗はなかったかもしれません。でも、２００石の馬廻だった堀部安兵衛なんかは、商人には絶対なりたくなかったから、剣術の道場を開いています。

――ところで、江戸の急進派と大石の浅野家再興運動は、このころには和解していたんですか。

いいえ、大石は、まずはともかく浅野家の名跡《みょうせき》（家名のこと）を残そうとして、幕府関係者や一門の大名に嘆願に回っていましたが、急進派の堀部安兵衛らは、とにかく吉良を討つべきだと考えていました。11月に江戸に出てきた大石ですが、これは、江戸の急進派を抑えるためでした。そうせざるをえないほど事態は切迫していたんだと思います。

江戸では、「浅野内匠頭の家来が吉良の屋敷に討ち入りをかけるに違いない」という世間のうわさがありました。これは、『堀部《ほりべ》武庸《たけつね》筆記《ひつき》』にある安兵衛の手紙に書いてありますのでたしかです。

そういう中で暮らしていると、すぐにでも討ち入りをかけなければ武士のメンツが立たない、と考えるようになったとしても無理はありません。

とくに、吉良が本所に屋敷替えになったときは、「これは、幕府が赤穂の浪人に、吉良を討てといっているようなものではないか」という観測まであったほどです。

ちなみに吉良の屋敷は、『日本思想大系　近世武家思想』の「堀部武庸筆記」の注に、「元禄十一年より丸の内の呉服橋内にあった」とあります。しかし、『江赤見聞記』などはすべて鍛冶《かじ》橋《ばし》門内としており、元禄10年の『元禄大江戸図』に鍛冶橋門内に書かれた吉良家の屋敷の隣に蜂須賀家の屋敷があるので、元禄14年の時点でも鍛冶橋門内と考えたほうがよいように思います。

鍛冶橋門内にせよ、呉服橋門内にせよ、内堀の中から隅田川の向こうの本所に屋敷替えを命じられたわけですから、上野介も上杉家もショックだったでしょう。実際、堀部は大石に、今こそ討ち入りのチャンスだとして手紙を送っているわけです。

4　浪士たちの再結束

吉良上野介は、あまりに世間の評判が悪いことにとまどい、元禄14年（1701）12月11日に隠居を願い出、許可された。跡目《あとめ》は、養子の左兵衛義周《さひょうえよしちか》が継いだ。堀部安兵衛たちは、上野介が隠居したことから、焦りはじめる。ぐずぐずしていると、上野介は息子の養子先である上杉家へ引き取られるのではないかと思ったのである。

安兵衛は、すぐにでも討ち入りを敢行したかった。安兵衛の意向を受けて、原惣右衛門と大高源五の２人が、12月25日、江戸を発《た》って再び上方にのぼった。しかし、上方の同盟者たちは、みな延引論に傾いていた。

安兵衛のもとへは、12月25日付の内蔵助の手紙が届いた。それには、「討ち入るとすれば、浅野大学殿のことも考えなければならない。もし上野介がだめなら、息子の左兵衛を討つという手もあるではないか」

という意味のことが書いてあった。


あわてた安兵衛は、内蔵助の一族の小山源五左衛門《おやまげんござえもん》に、

「内蔵助と手を切っても、潮田又之丞ら申し合わせた者がいるので、20人もいれば3月中に吉良父子の首はこちらのものだ」

という手紙を送った。

しかし、上方の大高源五からは、

「小山氏はもっての外不了簡《ほかふりようけん》で、内股膏薬《うちまたこうやく》かと思う」

という知らせがあった。


安兵衛は、同志だった高田郡兵衛《たかだぐんぴょうえ》が脱盟せざるをえなくなったこともあり、いましばらく内蔵助の指示に従わざるをえなくなった。

内蔵助の考えは、閉門（48ページ）は3年で許されるのがふつうであるから、亡君の三回忌《さんかいき》までは待つべきであろうというものだった。

浅野大学の処遇が決まらないうちは、軽挙することは避けたいということである。
（『江赤見聞記』『堀部武庸筆記』より）

——吉良は高家肝煎を辞めただけでなく、隠居してしまうんですね。

ええ。浅野の刃傷でケチがつきましたからね。勤めを続けがたい雰囲気がありました。安兵衛にあてた大石の手紙では、上野介を「隠居」、左兵衛を「若旦那」と呼び、討ち入りのことを「隠居へ逢いたい」とか「普請」などといっています。情報が漏れないようにという配慮だったんでしょう。

大石内蔵助の手紙

「隠居は此上気《このうえき》侭之《ままの》合点《がてん》にて、我々申す事承引《しょういん》なく、手寄《てより》申さず候《そうら》はば、若旦那に得《とく》と申し込むべき了簡《りょうけん》にて候得《そうらえ》ば、同《おなじ》くは隠居へ逢《あい》申し度候得共《たくそうらえども》、弥《いよいよ》気侭になれて、引込思案にてこれあるべきかと気之毒に存じ候。とにかく普請物入《ものいり》候。いとひ申さず候まま、幾重《いくえ》にも幾重にも地形から慥《たしか》に宜《よろ》しく念を入れ候て取り立て候《そうろう》儀《ぎ》、第一に存じ候」

——上野介が、気ままな考えで、我々と対決しないとしたら、左兵衛を討つつもりなので、同じことなら上野介を討ちたいとは思うけれども、上杉家へ引っ込むとしたら残念に思います。討ち入りというものは、大変なことです。それを厭《いと》わず幾重にも失敗のないように、よくよく念を入れて計画することが第一だと思います。

結局、元禄15年（1702）2月15日から数日間、山科で会議が行なわれています。上方の同志と、江戸から下ってきた原惣右衛門や大高源五が議論を戦わせたんです。山科会《やましなかい》議《ぎ》といわれています。そして、結局、しばらくは様子を見ることになります。すぐに討ち入りという意見は、安兵衛をはじめとして、原、大高、武林唯七、中村勘助らですが、それほど多数にはならなかったようです。

——「不了簡《ふりょうけん》」とか「内股膏薬《うちまたこうやく》」というのはどういう意味ですか？

「不了簡」というのは、定見（しっかり定まっている意見）がないことで、討ち入りについて断固たる決意がないことをいっているんです。「内股膏薬」というのは、内股の片方の足に膏薬（薬品を動物のあぶらに混ぜて練った外用薬）を塗ると、両方の足に膏薬がつきますよね？　だから、どちらの陣営にもつく、ということです。

三回忌《さんかいき》ということは、死んで1年後の法要が一周忌《いっしゅうき》で、その次の1年後が三回忌ですから、もう1年待とうということです。たしかに、事件から1年もたってない元禄15年のはじめでは、討ち入りの時期まで決めてしまうのはむずかしかったかもしれません。浅野大学の処遇も決まっていませんでしたし、それにもう1年あれば、準備も万端にできるでしょう。

安兵衛たちは、あくまで上野介を討とうと思っていましたが、大石家は、浅野家で代々家老を務める家柄ですから、浅野家がこれからどうなるかがいちばん大切だったでしょう。だから、かんたんにあきらめて吉良邸に討ち入ったりしたら、吉良の子どもの養子先である上杉家も黙っていませんし、浅野家が断絶してしまう可能性もあるわけですから、まず浅野家再興を最大の優先課題にしたんです。

堀部家は浅野家代々の家臣ではありますが、安兵衛は婿養子に入っただけですから、浅野家というより浅野内匠頭に召し抱えられたという意識が強い。安兵衛が内匠頭の無念を晴らし、武士の意地を示せばそれでいい、という考えになるのも当然なんです。

また、安兵衛の同志の高田郡兵衛は旗本の家出身ですし、奥田《おくだ》孫太夫《まごだゆう》も志摩国鳥羽《とば》藩士から浅野家に仕えていますから、みんな浅野家というより武士のメンツを立てることを重視しました。

――同じ藩の家臣でも、出身はいろいろなんですね。

そうなんです。戦国時代以来の外様《とざま》（27ページ）大藩は、代々その家に仕えていた家臣が多いんですが、浅野家は広島浅野家の分家で、内匠頭長矩《ながのり》の祖父内匠頭長直《ながなお》の代に独立して領地が増えたので、いろんなところから藩士を召し抱えていたんです。

討ち入りに参加した藩士には、長矩の代に召し抱えられた人も何人かいます。美作《みまさか》津山藩森家がお取り潰《つぶ》しになったのち、津山藩士だった茅野和助と神崎与五郎も、長矩に召し抱えられています。

主家お取り潰しで浪人、といった苦しい境遇の者にとって、低い知行（103ページ）であっても召し抱えてくれた主君には恩義を感じたことでしょう。
だから、主君の無念を代わりに晴らそうと一生懸命だったんだと思います。それで、安兵衛たちは三回忌まで待つことに納得はしませんでしたが、すぐに討ち入りという急進派はそんなに数が多くありませんから、大石に従うしかなかったんでしょう。同志だった高田郡兵衛も脱盟しましたしね。

――高田郡兵衛は、安兵衛といっしょに討ち入りの説得をして回ったりしていたのに、どうして脱盟したんですか？

郡兵衛は、旗本（27ページ）の出身でした。叔父の内田《うちだ》三郎《さぶろう》右衛《え》門《もん》という人が、好意から郡兵衛を養子にして家を継がせようとしたんです。そう頼まれた郡兵衛の兄高田《たかだ》弥《や》五兵《ごひょう》衛《え》は、断りきれずに、討ち入りのことを話してしまうんです。
すると内田は、これはなんとしても幕府に報告せざるをえない、と言い張ります。それでしかたなく郡兵衛は、盟約を抜けて内田の養子になることにしたんです。

——裏切ったわけではないんですね。ほかに、たしか女の人と心中した人もいましたよね？

それは、橋本平左衛門《はしもとへいざえもん》ですね。平左衛門は、大坂の曾根崎新地、淡路屋の「初」という遊女となじみになり、心中の約束をして、初を刺し殺し、自分も自害しました。これは、元禄15年7月15日のことだといわれています。平左衛門は、まだ18歳の若さでした。

それから、浅野の刃傷を早駕籠《はやかご》で赤穂に知らせた萱野三平《かやのさんぺい》が、浅野の月命日の元禄15年1月14日に自害しています。

三平の父親の七郎左衛門《しちろうざえもん》は、大島伊勢守という者の領地の摂津国《せっつのくに》の萱野という村で百姓をしていました。もともと武士でしたから、領主とも親しく、伊勢守は七郎左衛門の息子の三平を、ひとまず召し抱えようと持ちかけました。喜んだ七郎左衛門は、三平にこの話をしますが、盟約に加わっていた三平はいろいろと理由をつけて断ります。しかし、七郎左衛門はぜひにも伊勢守に奉公せよと命じます。

そこで進退窮した三平は、大石に手紙を送って自害してしまうんです。

それには、

「討ち入りのことを話せば、父も喜んでくれるだろうけど、神文を提出している以上は、父といえども話せないので自害します」

と書いてありました。大石は三平のことを気にかけていて、討ち入りが成功したあと、三平のことを、「もし生きていれば、討ち入りにも加わったであろう」と話しています。

この萱野三平と橋本平左衛門のことがいっしょになって、『仮名手本忠臣蔵《かなでほんちゅうしんぐら》』のお軽《かる》・勘平《かんぺい》の悲劇がつくられます。

かんたんに説明しておくと、歌舞伎の『仮名手本忠臣蔵』第一部五段目・六段目の主人公が、お軽と勘平です。

勘平は、腰元のお軽と密会していて、主君刃傷の場に居合わせることができませんでした。それを恥じた勘平は死のうとしますが、お軽に説得され、お軽の故郷山崎に一時身を隠します。

勘平は、猟師となって暮らしていましたが、元同僚の千崎弥五郎《せんざきやごろう》と再会し、討ち入りのための御用金を調達できれば仲間に加わることができると考えます。

お軽は、身売りしてでも御用金を調達し、勘平の希望をかなえようとします。お軽から気持ちを聞いた父親の与市兵衛は、京都・祇園町で身売り話をまとめ、半金の50両（約600万円）を得ます。

ところが、山崎への帰り道で、高師直《こうのもろのお》方に寝返った斧九太夫《おのくだゆう》（大野九郎兵衛《おおのくろうびょうえ》のパロディ）の子定九郎《さだくろう》に財布を奪われたうえに殺されてしまいます。

ちょうどそのとき、勘平は、猪《いのしし》を撃っており、まちがえて定九郎を撃ち殺してしまいます。勘平は、人を殺してしまったことを悔やみながらも、つい定九郎の持っていた50両入りの財布を持ち帰ります。

勘平が家に帰ると、祇園町からお軽の身売り先の一文字屋の女房が来ていて、話を聞いた勘平は、奪った財布が義父与市兵衛が持っていたものであることを知り、まちがいとはいえ親を殺してしまったと誤解しがく然とします。そこへ与市兵衛の遺骸《いがい》が運び込まれ、お軽の母おかやは、勘平が持っていた財布を証拠に勘平を責め、勘平は腹を切ります。

しかし、与市兵衛の傷が刀傷であったことから、勘平が義父を殺したのではなく、逆に偶然とはいえ義父の仇を討っていたことがわかります。汚名をそそいだ勘平は、敵討《かたきう》ちの連判に加えられ、お軽が身を売った100両を同志に託して静かに息を引き取ります。

元禄14年（1701年）

8月19日	吉良上野介が、鍛冶橋から本所松坂町へ移る
9月	原惣右衛門、潮田又之丞、中村勘助が京都から江戸へ下り、堀部安兵衛らの討ち入り案に同調
10月	進藤源四郎、大高源五が江戸に下り、堀部らに同調
11月 2日	大石内蔵助は、浅野大学の赦免工作もかねて江戸へ。瑤泉院へのあいさつ、また荒木十左衛門、榊原采女へ嘆願に
12月11日	吉良が隠居を願い、許可される。左兵衛義周が跡を継ぐ
12月25日	原惣右衛門と大高源五が、堀部安兵衛の意向を受け、京都へ
	大石は堀部安兵衛に、息子の左兵衛義周を討つ手もあるという旨の手紙を出す

元禄15年（1702年）

1月14日	萱野三平が自害
2月15日	山科会議で原惣右衛門、大高源五と上方の同志が議論
↓ 数日	

◎赤穂事件の流れ④　8月19日～2月15日

第4章　御家再興運動の挫折

～脱盟していく同志たち

1 大石内蔵助の遊興

元禄15年（1702）春、大石内蔵助《おおいしくらのすけ》は、吉田忠左衛門《よしだちゅうざえもん》を「惣名代《そうみょうだい》」として江戸に下した。

忠左衛門は、内蔵助から軍資金を預かっており、上方から同志が下ってくると、家を借りて家賃を払ったり、食費の面倒を見てやったりした。

また、かれらが店を開いたりすれば、世帯道具などの購入資金も用立てている。赤穂《あこう》の浪士の住居は、本所《ほんじょ》に集中するようになり、かれらは小商いの行商人に身をやつし、吉良邸の中まで入り込んで様子を探った。

4月ごろには内蔵助が、妻のりくを実家である但馬豊岡《たじまとよおか》の義父石束源五兵衛《いしづかげんごびょうえ》のもとへ送り返した。

りくは、長男の松之丞《まつのじょう》だけを夫のもとへ残し、次男の吉千代《きちちよ》、長女くう、次女るりを連れ、山科《やましな》から豊岡に行った。このとき、りくは身重の体で、7月5日には、三男大三郎《だいざぶろう》を出産した。

内蔵助は、松之丞を元服《げんぷく》させ、主税良金《ちからよしかね》と名づけた。

このころから、内蔵助は、京都の祇園や島原で遊興にふけった。

同志の中には、内蔵助の醜態に愛想をつかす者もおり、京都に偵察に来た吉良家の間者《かんじゃ》（スパイ）は、内蔵助の姿を見て、もはや仇討《あだう》ちなどは考えていないだろうと江戸に申し送った。

（『江赤見聞記』より）


——「惣名代《そうみょうだい》」というのは、どんな役だったんですか？

惣名代というのは、代理人のことです。吉田忠左衛門《よしだちゅうざえもん》が一味のナンバー2だったということです。

——内蔵助は、妻や子どもたちを実家に返しているのに、どうして松之丞《まつのじょう》は連れていくことにしたんですか？

松之丞はまだ少年でしたが、子どもとはいえ武士ですから、父といっしょに行動したいと思っていたことはまちがいないと思います。それに、親子や兄弟、一族で盟約に加わっている同志も多かったので、内蔵助も松之丞を豊岡に行かせるわけにはいかなかったんだろうと思います。やはり、武士の子どもとして、立派に行動してほしいという気持ちもあったはずです。

――内蔵助の祇園遊びはちゃんと史料に残っているんですね。でも、吉良側や幕府の目をあざむくためにわざとやっていたんですよね？

忠臣蔵ファンにとっては大石内蔵助といえば神様のようなものですから、敵をあざむくための仮の姿だと理解する人が多いですね。でも、最近は、大勢の家臣の盟主となって討ち入りを遂行しなければならない重圧から逃れたかったんじゃないか、というような推測をする人も増えてきました。

芥川龍之介の小説『或日の大石内蔵助』も、「敵をあざむくためにやったことだけれども、自分は本当はそれを楽しんでいたんじゃないか」と回想する、という筋立てにしています。この小説の影響が大きいのかもしれません。でも、映画やテレビで見るような、まるで遊廓《ゆうかく》の吉原《よしわら》を総揚げにして騒ぐようなことを本当にしたかといえば、疑問なんです。

内蔵助の遊興について書いている史料でいちばん信頼できるのは、『江赤見聞記《こうせきけんぶんき》』ですが、これには、次のようにしか書かれていません。

「内蔵助事《こと》、全く活気なる生まれ付き故《ゆえ》、京都において遊山見物《ゆさんけんぶつ》等の事に付き、宜《よろ》しからざる行跡もこれ有り。金銀等もおしまず遣い捨て申し候《そうろう》。此事《このこと》を、古風なる源四郎・源五左衛門《げんござえもん》など、つよくきのどくがり、異見等も切々申し候」

――内蔵助は、まったく活発な性格だったので、京都において遊山見物などのことで、あまりよくない行跡もあった。金銀なども惜しまずに浪費していた。この事を、古風な性格の進藤源四郎《しんどうげんしろう》や小山源五左衛門などは、大変残念に思い、いつも意見をしていた。

遊廓で遊んだとは書かれていません。九州国際大学教授の宮澤誠一さんは、「散財や不行跡につながるような派手な物見遊山《ものみゆさん》が、遊里での遊蕩《ゆうとう》に誇張されたのかもしれない」と書いています。「物見遊山」と「遊廓での遊蕩」では、ぜんぜん違います。私は、遊廓で遊蕩をする内蔵助の姿は、歌舞伎の創作だと思っています。

それに、もうひとつ、内蔵助の遊興の実態を推測させる史料があります。それは、実家に帰した妻のりくにあてた、7月25日付の手紙です。この手紙は、三男大三郎《だいざぶろう》の誕生を知らされたことへの返事なんですが、その中にこう書いています。

7月25日付　大石内蔵助の手紙

「いつぞやも申しまいらせ候通りに、いまほどやさかぎおん（八坂祇園）おどりゆへ、われら、ちから（主税）もまいりみ申し候。なかなかなぐさみ事にて候。ふしみ（伏見）のかのおどりも見申し、さてもさてもおどろき入りたる事ども、そもじどのへみせ申し度《たき》事と、しんとしんとぞんじ出す事どもにて候」

——いつぞやも話した通り、いまは八坂神社の祇園踊りの時期なので、私も主税を連れて見に行ってきた。なかなかおもしろいものだった。伏見の有名な踊りも見て、大変驚くほどのものだった。あなたに、ぜひ見せたいものだと、心の底から思ったことだ。

内蔵助は、たしかに祇園や伏見に踊りを見にいったようですが、それは息子の主税といっしょに行っているんです。ですから、遊廓などで遊んだりはしていないようです。しかし、遊廓で派手に遊んだということはなかったかもしれませんが、京都には可留《かる》という妾《めかけ》がいて、子どももできています。映画「四十七人の刺客」では、宮沢りえさんが演じています。このころの上級武士は、身の回りの世話をする女性がいて当然でしたし、その女性に手をつけて子どもができることはよくあることでした。

内蔵助は赤穂時代にも妾がいて、その間に女の子がいました。ただその子は、元禄15年に幼くして亡くなっています。

2 京都・円山会議

元禄15年（1702）6月18日、堀部安兵衛《ほりべやすびようえ》は、江戸を出て、上方へのぼった。まず伏見で大高源五《おおたかげんご》に会い、さらに大坂に原惣右衛門《はらそうえもん》を訪ねて、今後の対応を相談した。

安兵衛の考えは、大石内蔵助の決意を待っていたのでは時機を失するから、志のある者20人ばかりで討ち入りを敢行しようというものであった。

ところが7月18日、浅野大学《あさのだいがく》に対する処分が決定された。大学は、閉門こそ許されたが、妻子ともども本家の広島藩浅野家に引き取られることになった。

浅野家再興の望みは、最終的にうち砕かれたのである。9月1日には、譜代《ふだい》大名の永井直敬《ながいなおひろ》に赤穂城が与えられ、3万3千石で入部《にゅうぶ》することになる。

この知らせは、24日、江戸の吉田忠左衛門から山科の内蔵助に報ぜられた。25

日には、安兵衛にも奥田《おくだ》孫太夫《まごだゆう》から知らせがあった。

この事態の急展開を受けて、7月28日、内蔵助は同志の面々に呼びかけて、京都・円山で会議を開いた。出席者は、内蔵助・原惣右衛門・小野寺十内《おのでらじゆうない》・間瀬《ませ》久太夫《きゆうだゆう》の指導的なメンバーと、安兵衛・源五・潮田又之丞《うしおだまたのじよう》・不破数右衛門《ふわかずえもん》・武林《たけばやし》唯七《ただしち》といった急進派の面々19人であった。

大石内蔵助は、この席で、10月を期して同志の面々が江戸にのぼり、吉良邸に討ち入りをかけることを正式に表明した。世にいう円山《まるやま》会議である。

（『江赤見聞記』より）


――京都で円山《まるやま》といえば、いまの円山公園のあたりで会議が開かれたということですか？

そうです。ここに安養寺というお寺があって、その子院の重阿弥《じゆうあみ》坊を借りて会議を開いたんです。

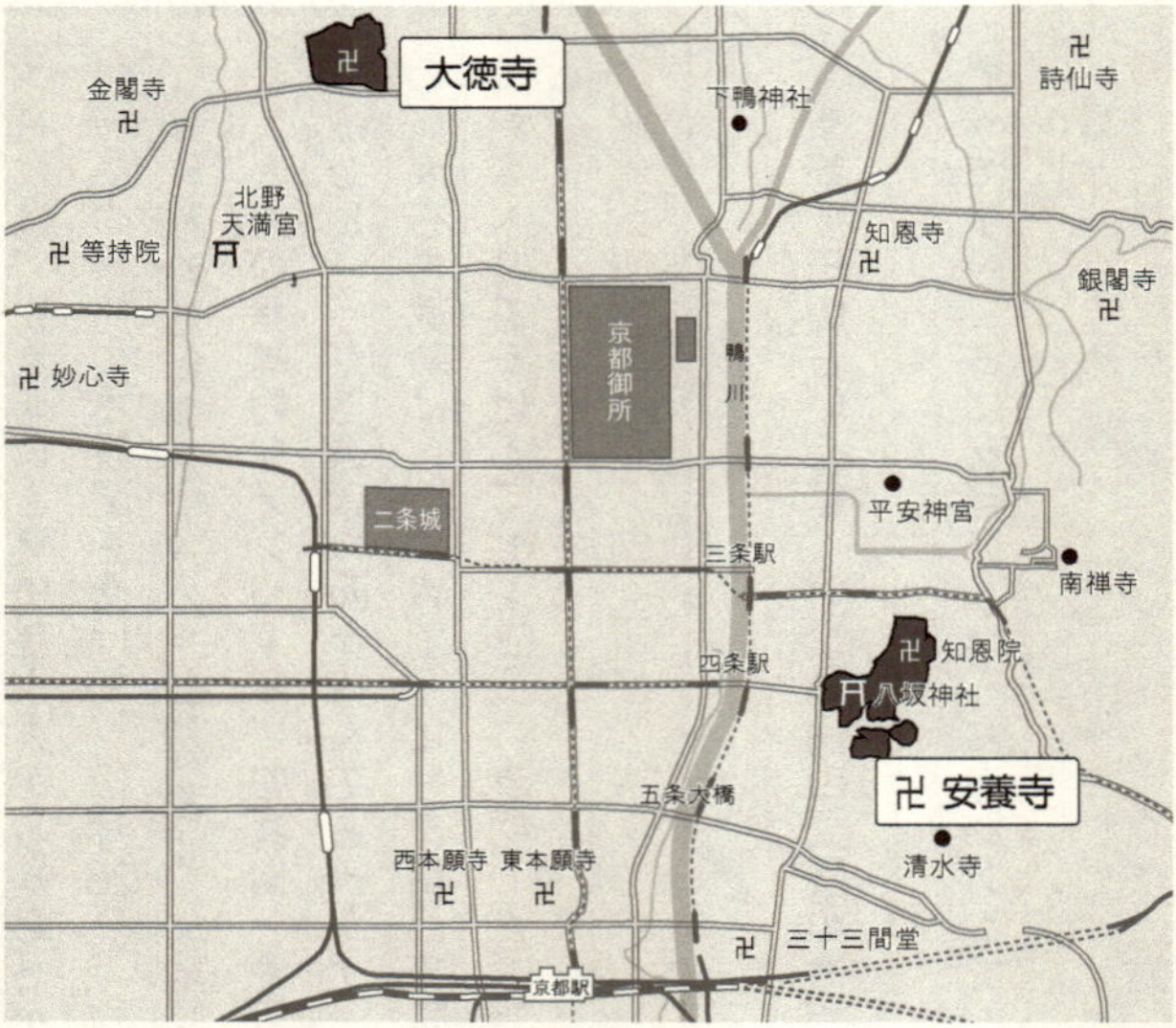

◎円山会議が開かれた安養寺と内匠頭の墓が建てられた大徳寺

──19人って、かなり詳細に記録が残っているんですね。

はい、内蔵助は、浅野家再興のための運動費の収支を全部書きとめていました。お金は、赤穂藩の財産を処分した残金と内匠頭の妻瑤泉院《ようぜんいん》の化粧料の一部６９１両ほどですが、そのお金の管理をきちんとしていたんです。

──化粧料というのは、化粧品を買うためのお金ですか？　ずいぶんもらえるんですね。

いえ、化粧料というのは、大名の正室の財産のことをいうんです。実家からの持参金のこともありますし、夫から領地で与えられることもあります。瑤泉院の場合は持参金で、貸付金にして運用して、利子をおこづかいにしていました。支出は化粧品もありますが、贈答品のやりとりもしましたし、衣服だって高価なものですから、結構な額が必要だったんです。

内蔵助が書きとめていた史料は、『預《あずかり》置《おき》候《そうろう》金《きん》銀《ぎん》請《うけ》払《はらい》帳《ちょう》』というんですが、いまでも箱根神社（１４７ページ）に残されています。もともとは、内蔵助が討ち入り直前に勘定を締め、瑤泉院に提出しました。その後、浅野大学に渡されたんですが、それが外に出たようです。内蔵助は、討ち入り前に箱根神社でお祈りしていますから（１６２ページ）、その縁で寄進されたんじゃないかと推定されています。

藩の公金を預っているのですから、それを帳面につけてきちんと管理するのはあたりまえのことだったんでしょう。内蔵助は、山科会議から円山会議のころまで、京都の祇園や島原で豪遊したといわれていますが、預かったお金はそんなことには一銭も使っていないんです。

使ったのは、同志たちの江戸と上方の往復旅費、同志の江戸での家賃、貧困にあえいでいた同志への援助などのためにです。その中に、円山での会議費があって、19人分で金1両と書いてあります。1両を銭に換算すると4000文《もん》ですから、ひとり分が210文（6300円）ほどになりますが、まあ込みで1両（約12万円。92ページ）といったことだったんでしょう。

——仏事費というのは何に使ったんですか？

京都大徳寺（144ページ）の瑞光院《ずいこういん》に内匠頭のお墓を建てるのに100両使っています。これはお墓だけじゃなくて、山を買って寄進して、永代供養を頼んでいるんです。そのほか、伊勢神宮の祈禱《きとう》料などです。

——江戸と上方を往復する旅費がかなり大きかったんですね。

そうですね。上方と江戸を往復するのに金6両、江戸の滞在費も入れて1人9両ほどか

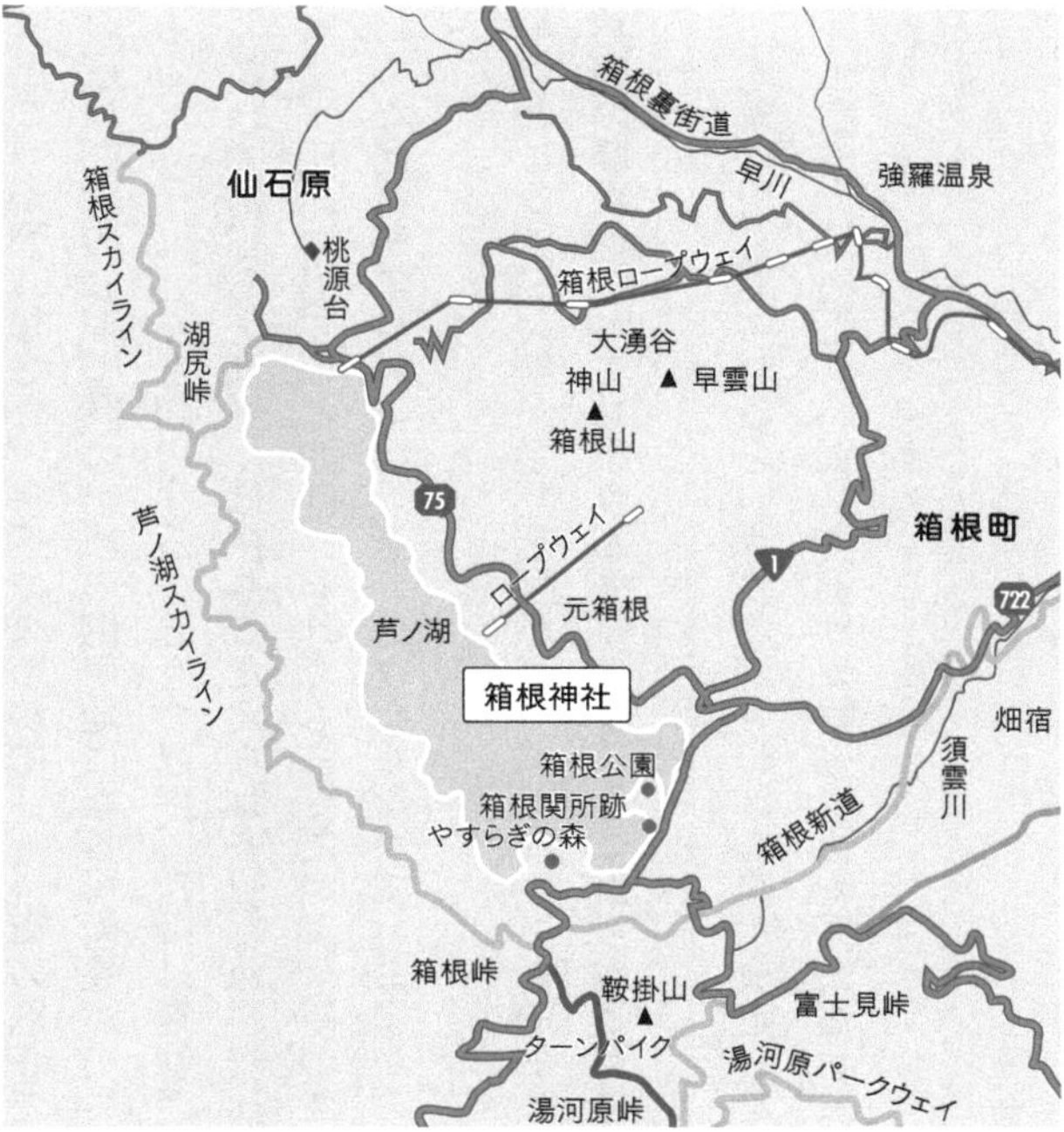

◎箱根神社のあるところ

かりますから、3人派遣すると30両近くのお金がなくなります。元禄14年10月には、江戸の堀部たちをなだめるために大石も含めて何人も江戸に下りますから、80両近く使っています。

また、このとき、江戸の三田に町屋敷を購入しています。これが70両かかっています。修理して、同志が江戸に出てきたときの宿舎にしようと考えたようです。

ところが翌5年2月、付近で火事があり、将軍の別荘である白金御殿が類焼し、周辺の町屋は御殿の修理普請のための御用地になる可能性が出てきて、普請が禁じられました。そのため、ほとんど利用することもできず、70両は無駄遣いになりました。

これでは、あまり長くは持ちこたえられませんね。安兵衛たちがあせる気持ちもわかります。江戸に出ていく前は、それでもまだだいぶ余裕があったかもしれませんが、勘定を締めた元禄15年11月には、もう足りなくなっていますからね。

――ところで、大学が閉門を解かれて、本家に引き取られることになると、どうして御家再興の夢が絶たれてしまうんですか？　そこからもう可能性はないんですか？

本家に引き取られるというのは、いわば処罰が決定したようなものなんです。だから、もし許されるとしても長い年月がかかることが予想されます。少なくとも、大石たちの嘆願が、まったく認められないことを示しています。

預り金	金 690両2朱《しゅ》　銀 46匁《もんめ》9分《ぶ》5厘《りん》
支 出	金 675両2分《ぶ》　銀 1貫《かん》65匁《もんめ》5分《ぶ》5厘《りん》 銭 6貫《かん》559文《もん》（銀にして94匁《もんめ》4分《ぶ》5厘《りん》）

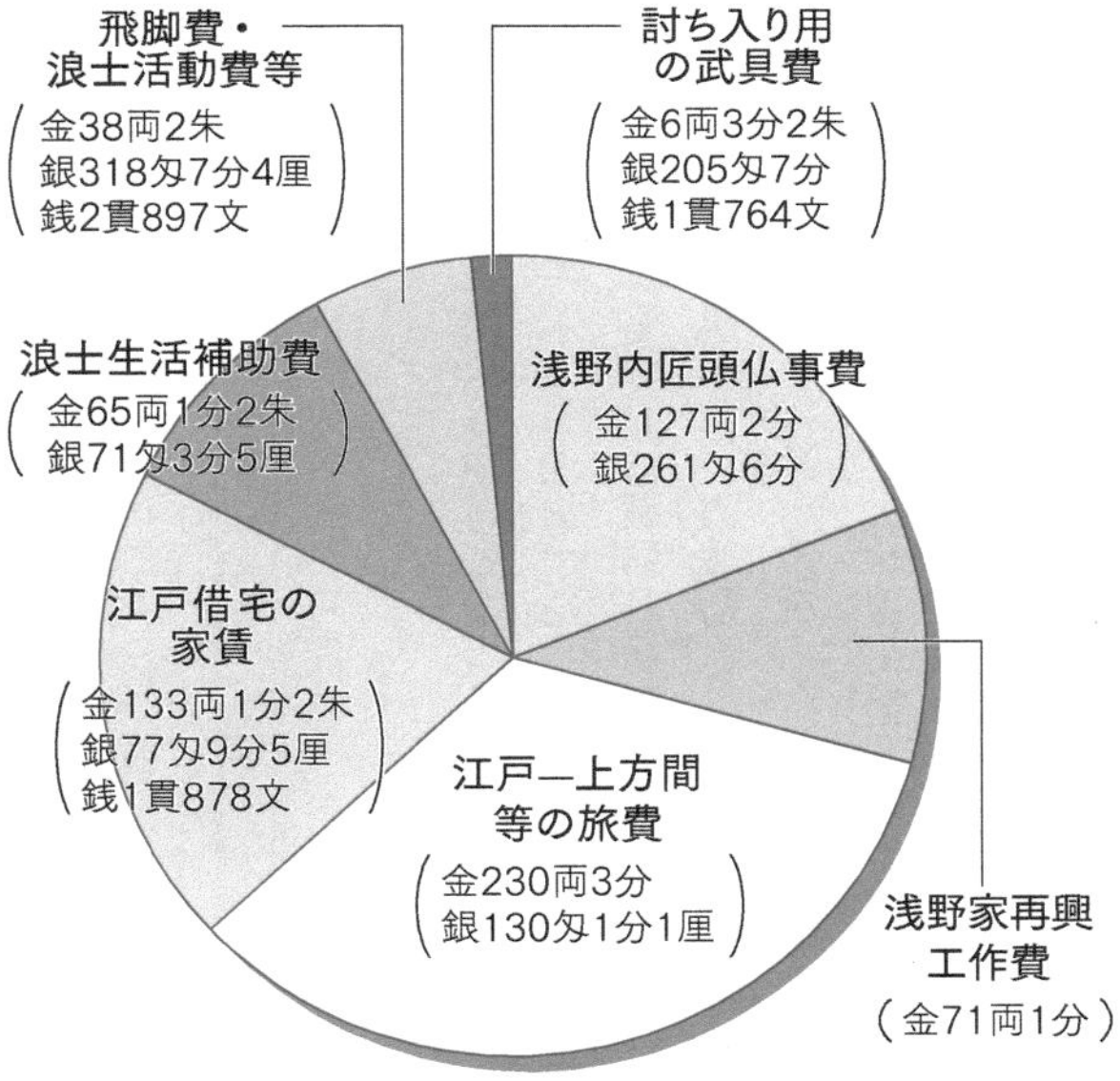

支出計：金にして695両1分2朱

差し引き　金7両1分不足（大石内蔵助が立て替え）

※金１両につき、銀56匁替え。銭１貫文を銀15匁替え。

◎『預置候金銀請払帳』の内訳

3 神文返し

円山会議のころまでは、浅野家再興の可能性もあったことから、同志は120人ほどもいた。

しかし、浅野大学が広島藩にお預けとなってその希望が失われ、円山会議で強硬派が力を得てついに討ち入りと決まったことから、脱盟する者が続出する。

中でも、親族で、最初から大石内蔵助と行動をともにしていた奥野将監《おくのしょうげん》、進藤源四郎、小山源五左衛門の脱盟は、内蔵助には痛手であった。

そのため、内蔵助は、京都・伏見・大坂・赤穂などにいる同志の心が真実かどうかたしかめるため、貝賀弥左衛門《かいがやざえもん》と大高源五の両名を派遣した。

両名は、盟約に加わっている同志を訪問し、連判状《れんぱんじょう》の中から切り取った血判《けつぱん》を返して回った。

内蔵助は、もし血判を返す意味を聞く者がいれば、次のように答えさせた。

「内蔵助殿が申すには、大学殿の安否をうかがっていましたが、芸州（広島）に御引き取りになったので、仕方がありません。そのうえは、兼ねての存じ立ちは（計画はとり）やめ、妻子を養うために働こうと思います。それぞれも、勝手次第に致してください。このため、誓紙《せいし》の血判は返します」

そして、それに対して怒り狂い、

「どうしても討ち入りしたい」

と言った者に対してだけ、真実をうち明けさせたのである。

こうして、１２０人ほどもいた同志は、50人程度に減った。

（『江赤見聞記』『浅野内匠殿家来松平隠岐守江御預け一件』より）

——ずいぶん厳しいテストを課したんですね。連判状《れんぱんじょう》というのは、どんなものですか？

協力して目的のために行動する、という文章があって、その末尾に誓約する者が署名と血判《けつぱん》を据えたんです。血判は、脇差《わきざし》で親指を少し切って、拇印を押します。墨に血を混ぜることもあります。元禄14年12月に、山科の大石内蔵助宅に赤穂藩の浪人57人が集まって、血判を据えました。ここに集まった者が、上方の同志です。

——奥野将監《おくのしょうげん》たちは、どうして脱盟したんですか？

このころ、上方では、赤穂の浪人が吉良邸討ち入りの計画を立てているということが幕府に漏れ聞こえ、江戸に入る関所という関所を固め、浪人を厳しく取り調べているというわさが流れています。先に江戸に行った同志が捕らえられたという情報もありました。そのため、こういう時期に江戸に行っても途中で捕まるかもしれませんし、もし無事江戸に入っても、吉良邸の用心は厳しいので成功するわけがない、という意見が強くなったんです。

これは、『江赤見聞記』に書かれている話ですから、まったくうそではないだろうと思います。上方にいると、江戸のことはよくわかりませんから、悲観的な見通しが出てくるのはわかります。だから、奥野将監たちは、当初の計画通り、来春にしてはどうかと考えたようです。ただ、意見が違うからといって脱盟するのは、憶病風に吹かれたといわれて

吉田忠左衛門　平野半平　井口忠兵衛　灰方藤兵衛　**菅谷半之丞**　岡野治郎兵衛　**近松勘六**　近松貞六　近藤源四郎　河村伝兵衛　岡本喜八郎　田中序右衛門　**岡野九十郎**　**小野寺幸右衛門**　**潮田又之丞**　**中村勘助**　杉浦順右衛門　**早水藤左衛門**　鈴田十八(重八郎)　**矢頭右衛門七**　梶半左衛門　小山源五左衛門　**貝賀弥左衛門**　**大石瀬左衛門**　萱野三平　糟屋勘左衛門　糟屋五郎左衛門　**小野寺十内**

間十次郎　**岡島八十右衛門**　里村澤右衛門　**千馬三郎兵衛**　中田理(利)平次　渡邊角兵衛　高谷儀左衛門　高久長右衛門　**吉田澤右衛門**　渡邊佐野右衛門　**木村岡右衛門**　桑田与三左衛門　**茅野和助**　**神崎与五郎**　**間瀬久太夫**　**間瀬孫九郎**　**大高源五**　近藤新六　長澤四郎右衛門　榎戸新介　山上安左衛門　大石孫四郎　河村太郎右衛門　**横川勘平**　**間喜兵衛**　多海太郎左衛門　中村清右衛門　**三村次郎左衛門**

都合五十六人

内蔵助は、連判状の血判を返して回らせ、真意をたしかめた。
赤穂
大坂
京
江戸

（『寺坂私記』より作成。太字は討ち入り参加者）

◎元禄14年12月、神文を大石内蔵助に提出した上方の旧赤穂藩士

もしかたがないですね。

いよいよ討ち入りとなれば、やはり幕府に刃向かうのとおなじだから、そんなことができるはずはないと考えても不思議はありません。

「この計画は、江戸の強硬派主導のものでおそらく失敗するだろうから、そのときは自分たちが第二陣となって立ち上がるつもりだった」

と、奥野たちが考えていたと

いうがった見方を『江赤見聞記』が書いています。でも、そういう可能性は、おそらくほとんどないと思います。『江赤見聞記』を書いた落合与左衛門《おちあいよざえもん》の単なる推測です。落合与左衛門は、討ち入りしなかった人を傷つけたくなかったんじゃないかと思います。

奥野将監たちのような上級家臣は、分別もありましたから、堀部安兵衛たちのように、「武士の一分」のためにとにかく吉良邸討ち入り、とは単純に考えられなかったんでしょう。内蔵助は、かれらのような上級家臣が抜けて、下級の侍《さむらい》ばかりになったことが不満だったようで、次のように言っています。

「頭《かしら》立ちたる者が少ないと、世間で評判するかもしれないことは、とくに残念に思う」

（『浅野内匠殿家来松平隠岐守江御預け一件』中の貝賀弥左衛門の話）

内蔵助にとって討ち入りは、全家中一丸となってのものであることが理想だったんです。

奥野たちが盟約を抜けるときに書いた手紙が、『江赤見聞記』巻五にたくさん残っています。

進藤源四郎の「口上之覚《こうじょうのおぼえ》」を紹介しましょう。

進藤源四郎の「口上之覚」

口上之覚

私儀《わたくしぎ》、存じ寄り御座候《ござそうろう》に付き、御手《おんて》を離れ申し候間《あいだ》、左様《さよう》御心得なされ下さるべく候。御身寄りの私儀、殊《こと》に御懇意《ごこんい》に預かり候処《ところ》、此如《このごと》く存じ寄り候儀、是非無く存じ候得共《そうらえども》、此度《このたび》の思《おぼ》し召し立ち、畢竟《ひっきょう》心底に落ち申さず候故《ゆえ》、斯《か》くの如く御座候。以上

閏《うるう》八月八日　　　　　進藤源四郎

大石内蔵助殿

——私は、考えるところがあって、貴殿の御手を離れますので、そのように御心得なさってください。親類である私ですから、とりわけ御懇意にしていただいたのに、このようになったことは、申し訳ないと存じますが、この度の御決意は、私の腑《ふ》に落ちませんので、このようにいたしました。以上

閏8月8日　　　　　進藤源四郎

大石内蔵助殿

討ち入りの計画が、心にすとんと落ちなかったから、盟約を離れるというんです。この

ように堂々と手紙を書いていますから、意見の違いということもあるかもしれませんね。
一方で決意した同志たちは、次々と江戸にのぼっていきます。

赤穂浪士たちが江戸に着いた日

閏《うるう》8月25日　岡野金右衛門《おかのきんえもん》包秀《かねひで》・武林唯七・毛利小平太《もうりこへいた》
9月2日　吉田澤右衛門《よしださわえもん》・間瀬孫九郎《ませまごくろう》・不破数右衛門
9月7日　千馬三郎兵衛《せんばさぶろうびょうえ》・中田理《なかたり》（利）平次《へいじ》・間十次郎《はざまじゅうじろう》・矢頭右衛門七《やとうえもしち》
9月20日　木村岡右衛門《きむらおかえもん》
10月4日　大石主税《おおいしちから》・間瀬久太夫・小野寺幸右衛門《おのでらこうえもん》・茅野和助《かやのわすけ》・大石瀬左衛門《おおいしせざえもん》・矢野伊助《やのいすけ》
10月17日　原惣右衛門・貝賀弥左衛門・岡島八十右衛門《おかじまやそえもん》・間喜兵衛《はざまきひょうえ》
10月19日　小野寺十内《おのでらじゅうない》・瀬尾孫左衛門《せおまござえもん》

同志たちはぞくぞくと集まってきていますが、なかなか内蔵助が来ないので、江戸では大石を疑う同志もいました。内蔵助が、長男の主税を先に江戸にやったのは、「人質」だという考え方もあります。まあ、「人質」というのは表現が強すぎますが、自分も必ず江戸に行くという保証人の意味はあったのかもしれません。

そして、その内蔵助も、いよいよ10月７日には、京都を出発します。


――討ち入りに参加した同志たちの中には、自分がいると足手まといになるからと自害した母親がいたんですよね？


はい、そういう話は、いくつか残っています。有名なのは、『江赤見聞記』にある原惣右衛門の老母の話です。惣右衛門の母親は播州《ばんしゅう》（兵庫県）で暮らしていて、惣右衛門が討ち入りすることだけを楽しみに暮らしていました。

惣右衛門が、討ち入り前にいま一度会いたいと思って播州に行ったところ、母親は、自分がいるから息子の決意が鈍ったのではないかと誤解します。それで、その日の夜に、遺書を残して自殺したといいます。

しかし、その遺書の日付は11月６日で、惣右衛門が討ち入り後に提出した『親類書《しんるいがき》』を見ると、かれの母親は元禄15年８月に病死したことになっています。親類書というのは、討ち入りに参加した者が、幕府の命令で提出したもので、祖父母や従兄弟までの親族が記入されました。ですから、たぶんこれは、話を劇的にするためにつくられた話なんじゃないかと思います。

近松勘六《ちかまつかんろく》の母や武林唯七の母も自害したことになっているんですが、討ち入りのときは生きていたり、ずいぶん前に死んでいたりしますから、どちらも創作でしょう。

国文学者の田口章子さんは、このような話が広がったのは、儒学者の室鳩巣のためだと指摘しています。赤穂浪士の討ち入りに感激した鳩巣は、『赤穂義人録《あこうぎじんろく》』という書物を書き始めます。そのなかで、当時、世間に広まっていた原惣右衛門の母が自害した、という噂を書きました。この子にしてこの母あり、という感動話を書きたかったのでしょう。これがもとになって、またいろいろな話が作られていくことになります。

元禄15年（1702年）

春	大石内蔵助、吉田忠左衛門を惣名代として江戸へ下す
4月	内蔵助が、妻りくを実家但馬豊岡石束源五兵衛へ帰す。次男吉千代、長女くう、次女るりも同行
6月18日	堀部安兵衛が京都へ出発 →伏見で大高源五、大坂で原惣右衛門と会い、討ち入りについて相談
7月 5日	内蔵助の妻りくが三男大三郎を出産
7月18日	浅野大学の処分が下る。妻子ともども本家広島藩浅野家へ
7月24日	江戸の吉田忠左衛門から山科の内蔵助へ、浅野大学の処分について知らせが届く
7月25日	堀部安兵衛に、奥田孫太夫から大学の処分について知らせが届く。 内蔵助が、妻りくへ「八坂祇園の踊りを見せたかった」という手紙を出す
7月28日	内蔵助をはじめ、安兵衛など19人で京都・円山会議がもたれ討ち入り決定 →奥野将監、進藤源四郎、小山源五左衛門が脱盟 貝賀弥左衛門、大高源五が神文を返して回る
8月 8日	進藤源四郎が脱盟の手紙を送る
閏 8月25日	岡野金右衛門、竹林唯七、毛利小平太が江戸に到着。以降、ぞくぞくと江戸へ同志が集結（**156ページ参照**）

◎赤穂事件の流れ⑤　元禄15年春～8月25日

第5章　討ち入り前夜

～時は至れり

1 大石内蔵助、江戸に入る

元禄15年（1702）10月7日、京都を出た大石内蔵助《おおいしくらのすけ》は、20日、箱根に着いた。箱根の芦ノ湖畔にある箱根神社には（147ページ）、曽我《そが》兄弟が仇討《あだう》ち成功を祈願したという故事があり、近くには曽我兄弟の墓もあった。

内蔵助は、討ち入り成功を祈願するため、箱根神社にお参りした。また、曽我兄弟のお墓にも参り、墓石を少し欠いて紙に包み、封をして懐中に入れた。

翌日、内蔵助は、鎌倉に到着した。同道していたのは、内蔵助の家来2人と潮田又之丞《うしおだまたのじょう》、近松勘六《ちかまつかんろく》、早水藤左衛門《はやみとうざえもん》、菅谷半之丞《すがやはんのじょう》、三村次郎左衛門《みむらじろうざえもん》たちであった。

江戸にいた吉田忠左衛門《よしだちゅうざえもん》は、この日早朝、富森助右衛門《とみのもりすけえもん》・中村勘助《なかむらかんすけ》・瀬尾孫左《せおまござ》衛門《えもん》を連れて平間村（現、神奈川県川崎市）に行き、内蔵助を迎えるため一人で鎌倉に赴いた。内蔵助は、忠左衛門とともに鶴岡八幡宮《つるがおかはちまんぐう》に参り、討ち入り成功を祈願し、討ち入り計画を相談した。

10月25日には、鎌倉を出て川崎宿に泊まり、翌日、平間村《ひらまむら》に入った。

ここには、富森が浪人後、つてがあって小屋掛け（粗末な家を建てること）して暮らしていた家があった。ただし、不便な所なので、助右衛門は空き家にして江戸に出ていた。その家を修理し、その客として内蔵助を迎えたのである。

内蔵助は、この家でしばらく討ち入りの計画を練り、11月5日、ついに江戸に入った。

（『江赤見聞記』『寺坂私記』より）


――内蔵助は、箱根神社だけでなく、鶴岡八幡宮でも討ち入り成功の祈願をしているんですね。曾我兄弟の仇討《あだう》ちは、どのような話でしたでしょうか？

曾我十郎祐成《すけなり》・五郎時致《ときむね》の兄弟が、父の仇《かたき》工藤祐経《すけつね》を、源頼朝《みなもとのよりとも》が富士のすそ野で狩りをしたときに殺害した事件です。『忠臣蔵』とならんで日本三大仇討ちのひとつとされています。これも歌舞伎になっていますね。当時から有名でした。

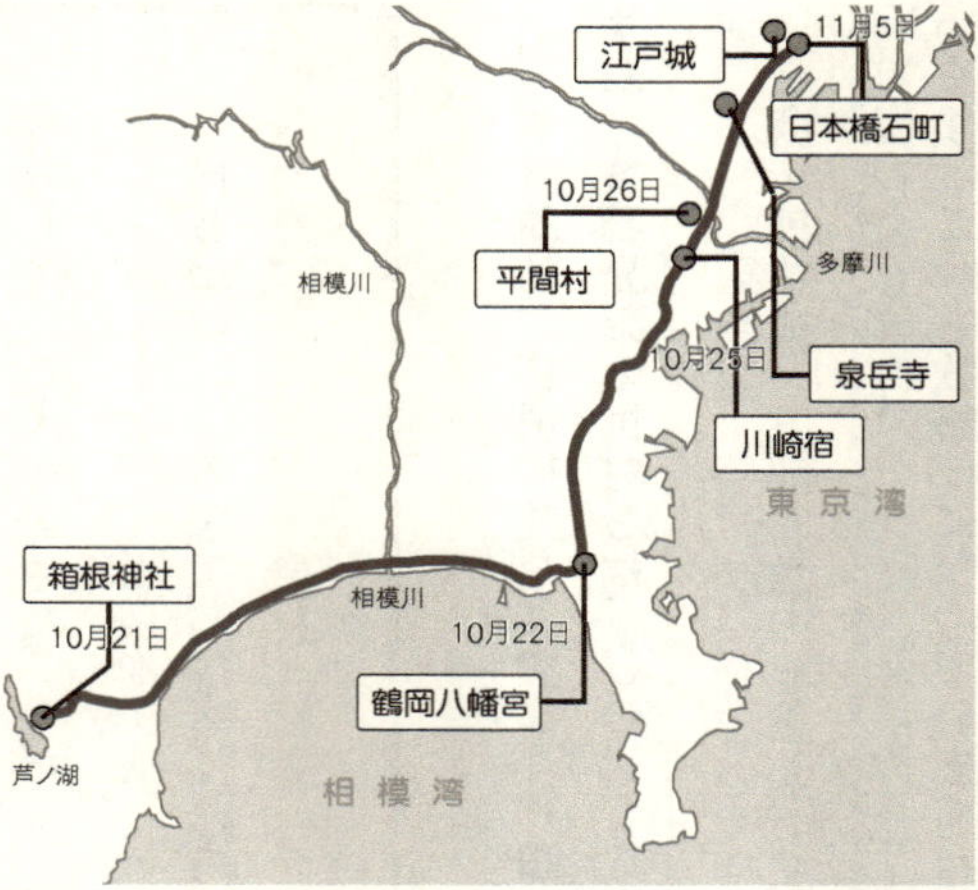

◎箱根から日本橋石町までのルート

内蔵助が、平間村に入ってから出した訓令があります。これも『江赤見聞記《こうせきけんぶんき》』に伝えられています。

内蔵助は、まず、討ち入りの服装を黒の小袖《こそで》を用いるとしています。みんなおなじような服装で統一したんですね。帯は右のわきで結び、下帯は前さがりで外れないように、股引《ももひき》、脚絆《きゃはん》をつけ、履き物はわらじを用いよとしています。

また、討ち入りに使う武器は、それぞれの得意に応じて自由としています。鎗《やり》や半《はん》弓《きゅう》を使う者はあらかじめ知らせておき、用意してもらうことになりました。

同志がみな到着すれば、急に討ち入りということもあるでしょうから、油断しないように、必要な武器は集めておくように、とも言っています。それから、計画を他人に漏らしたりしないようにと、きつく戒めています。いよいよ討ち入りということになり、気が大きくなって、知り合いに話したりする者が出ないとも限らないですからね。家族や親類にも知らせたりしないようにとも言っています。

でも、実際は、みんな残した家族に手紙を送ったりしているんです。これは、あとで紹介しますね（181ページ）。

それから、もうひとつ大切なことがあります。それは、内蔵助の軍資金は、このころにはもう尽きかけていた、ということです。だから、本当はすぐにでも討ち入りしたかったと思いますが、吉良上野介《きらこうづけのすけ》が屋敷にいない日に討ち入ったらすべてがおしまいですから、慎重に慎重を期していました。すると、時間がかかりますから、飢えに及ばないように、衣食や遊興に無駄遣いしないように、とも戒めているんです。

――武器は討ち入りのために新たに用意したんですか？

もちろん、武士ですから大小の刀は持っていましたが、鎗や弓矢、長刀《なぎなた》などは持っていない者もいました。少しあとのことになりますが、内蔵助が江戸に入ったあと、足りない武器を買っています。値段は、あわせて金6両《りょう》3分《ぶ》2朱《しゅ》と銀205匁《もんめ》7分、そして銭1貫《かん》764文《もん》です。全部を金に換算すると約11両（約132万円。102ページ）ほどにもなります。

内蔵助はこのとき、鎗や弓矢のほか、鎖で身体を覆う「着込《きごみ》」も買っていますし、梯子《はしご》や松明《たいまつ》も準備しています。

また、扉をうち破るためのかけ矢（大きな木槌《きづち》）、長屋の戸を打ちつけるための鉄鎚《かなづち》やかすがいまでそろえています。吉良を討ち取ったときに合図するための竹笛も、人数分買っています。

堀部安兵衛《ほりべやすびょうえ》や大高源五《おおたかげんご》が武器にした「野太刀《のだち》」は、「長太刀《ながたち》」とも呼ばれ、源五が母にあてた手紙（12月7日付）の中で、

「はのわたり二尺三寸程御座候《ござそうろう》　大長刀《だいちょうとう》もち申し候《そうろう》」

といっていますから、刃渡り2尺3寸（87センチメートルほど）という大変長い刀でした。

鎗《やり》	12本
長刀《なぎなた》	2振
まさかり	2挺
弓	4張(内、半弓2張)
竹はしご	大小4挺
げんのふ(石工用の鉄製の鎚《かなづち》)	2挺
かけ矢(樫などで作った大きな木槌《きづち》)＊	6丁
鉄手木《かなてこ》(鉄製のてこ)	2丁
木手こ《きて》(木製のてこ)	2丁
鉄鎚《かなづち》	2本
大のこぎり	2丁
かすがひ(鎹)	60本(かすがひと鉄鎚は戸口を外から打ちつけるため)
かなすき	2丁
長い縄付きの取かぎ	16筋(屋敷に乗り入るため)
玉火松明《たいまつ》	人数分
ちゃるめるの小笛	人数分
がんどう挑燈《ちょうちん》	1つ(上野介の首を確かめるため)
水溜《みずだめ》の大張籠《おおはりかご》	2つ(用意した諸道具を持参するため)

(『寺坂私記』より)

◎赤穂浪士が購入した押し込み道具

鎗や弓矢の代金が、あわせて金1分と銀139匁5分と銭932文。これは、金に換算すると、2両3分ほどです。33万円ぐらいですね。

ほかに、間十次郎《はざまじゅうじろう》と新六《しんろく》兄弟の弓・鎗代があわせて金1両。武林唯七《たけばやしただしち》の長刀《なぎなた》も金1両。間瀬孫九郎《ませまごくろう》の鎗代が金2分。当時、鎗1本がだいたい6万円ぐらいしたのでしょう。

全員の分をそろえようとすればずいぶんお金がかかっただろうと思いますが、持っている者も多かったので、たいした額にはなっていませんね。

前ページの表は、『寺坂私記』によるものですが、『寺坂信行筆記』では、このほかに「竹梯子《たけばしご》」大小四挺と「どら」1つを用意したことになっています。どらは、吉良邸討ち入りが首尾よく終わったとき、屋敷の各所にいる人数を招集するためのものだ、と書いていますが、これは『寺坂私記』の「ちゃるめるの小笛」の方が正しいのではないでしょうか。

ちなみに弓は、貝賀弥左衛門の供述によれば、吉良邸で用心のために半弓をたくさん用意しているという話を聞いたので、同志が屋敷内に入るときに射すくめられることを考え、表長屋の屋根に上ったときに使おうと考えたようです。

2　討ち入り準備と脱盟者たち

江戸に入った大石内蔵助は、息子の主税《ちから》がいる日本橋石町《こくちょう》（本石町）3丁目の小山屋弥兵衛《おやまややへえ》裏店《うらだな》に落ち着いた。

主税は、最初、吉田忠左衛門の借宅にいたが、内蔵助が江戸に入る少し前に、江戸に訴訟に来たものだということにして、「垣見左内《かきみさない》」と名乗って家を借り、3〜4人の者と移ってきていたのである。

内蔵助は、「垣見五郎兵衛《かきみごろうびょうえ》」という変名を名乗り、訴訟の後援のために上方から出てきた伯父だということにした。

浪士たちの住居は、本所を中心に、麴町、芝、深川、八丁堀あたりに点在していた。内蔵助が石町に入ってからは、浪士たちの寄合場所は内蔵助の住居か、吉田忠左衛門の麴町5丁目大屋喜右衛門《おおやきえもん》表店《おもてだな》となった。

浅野《あさの》内匠頭《たくみのかみ》の百か日の法要ののち、町人となっていた片岡源五《かたおかげんご》右《え》衛門《もん》・田《た》中貞《なかさだ》四《し》郎《ろう》・磯貝《いそがい》十郎左《じゅうろうざえ》衛門《もん》の3人は、内蔵助が江戸に入ると、吉田忠左衛門に頼み込み、内蔵助に取り次いでもらって一味に加えてもらった。

11月初旬から12月13日まで、内蔵助は、若い者を4組にし、本所の吉良邸と外桜田の上杉邸周辺の夜回りをさせた。

吉良邸の裏門わきには、神崎与《かんざきよ》五《ご》郎《ろう》と前原伊《まえばらい》助《すけ》が小店を出していたから、吉良邸に出入りする者を昼夜見張り、怪しい者がいればあとをつけていった。毛利《もうり》小《こ》平太《へいた》は、中間《ちゅうげん》（118ページ）の格好をし、書状を持ってきたということで吉良邸に潜入し、中をうかがって、内蔵助に注進した。

一方で、赤穂の浪人の討ち入りについて、あまりに悲観的な評判が立っていたので、江戸に出てきた者の中には、怖じ気づいて逃げ出す者もいた。

11月2日、小《お》山田《やまだ》庄左《しょうざえ》衛門《もん》（江戸定詰《じょうづめ》、100石、馬廻《うままわり》）が、小《こ》袖《そで》と金子《きんす》（お金）を少し盗んで逃げ出した。

さらに4日には、一味に復帰したばかりの田中貞四郎（150石、小姓《こしょう》）までが逃げ出した。

いよいよ討ち入りが本決まりとなった11月の終わりにも、逃げ出す者が続出した。

中田《なかた》利平次《りへいじ》という者は20日、中村《なかむら》清右衛門《せいえもん》と鈴田《すずた》重八郎《じゅうはちろう》（小姓、30石3人扶持《ふち》）の2人は29日の夜に逃げ出した。そして、12月6日には、矢野《やの》伊助《いすけ》（足軽《あしがる》、5石2人扶持）と瀬尾《せお》孫左衛門《まござえもん》（大石内蔵助家老）がいなくなった。

（『江赤見聞記』『寺坂私記』より）

——ここにきて、次々に脱盟しているんですね。内蔵助の気持ちを思うとつらいですね。

そうですね。内蔵助は、期待や緊張もあったと思いますし、去っていく者に対する思いもあったでしょうし、複雑だったろうと思います。

11月25日付の内蔵助の手紙には、「一条出産之事」も少しは気にかかるが、志の邪魔になると書いています。

先にもふれましたが、内蔵助の妾可留《めかけかる》（141ページ）は、京都の二条にいました。可留に子どもができたので、生まれたら、少しは金銀を与え、どこでもいいから養子にやってくれ、といっています。そして、もし成人して見苦しいような境遇だったら、そのときは心を添えてくれと頼んでいるんです。内蔵助でも、残していく者のことは気になったんですね。

それから内蔵助は、次男の吉之進《きちのしん》が寺に入って坊主になることになったことを聞いて、残念がっています。赤穂藩筆頭家老の家柄である大石家を、だれかに継いでほしかったんだと思います。でも、討ち入りあと、おそらく親族には厳しい処分が予想されますから、これもしかたのないことだったと思います。

――しかし、新築された吉良邸は、まるで要塞《ようさい》のようなつくりになっていたんですよね？討ち入りを成功させるのはかなりむずかしいことだったんじゃないでしょうか。

映画にもなった池宮彰一郎さんの小説『四十七人の刺客』には、そうだったと書いてあ

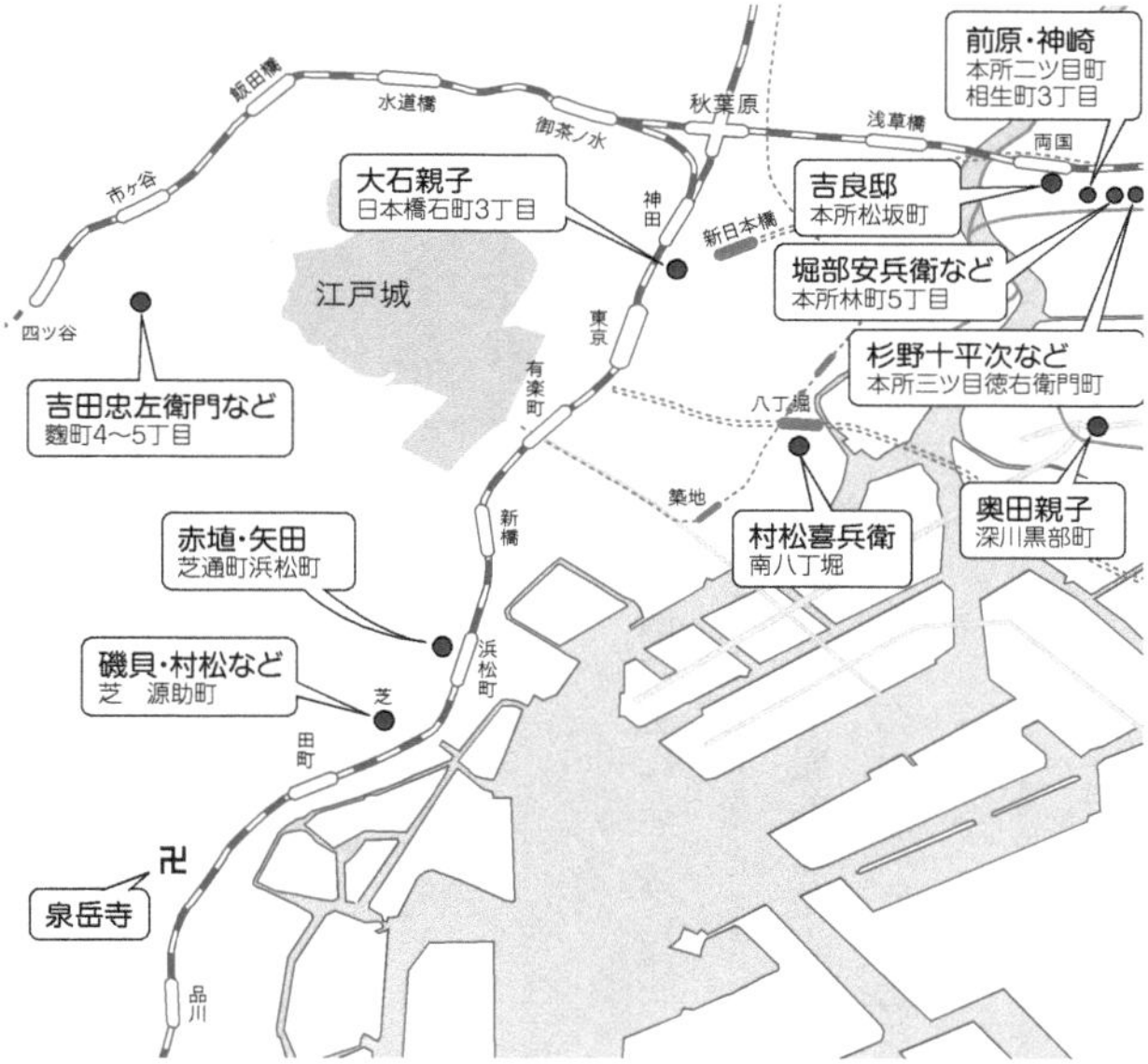

◎赤穂浪士の江戸潜伏先（地図）

りますね。

実際、当時の江戸で、そういううわさがあったことは事実なんです。でも、毛利小平太が中をうかがったところでは、ふつうのつくりだったようです。

広さは2500坪で、南北60メートル。表門と裏門があり、東西は130メートルだった。部屋数は40ほどだったようです。

うわさでは、土蔵に地下道を掘って抜け出せるようにしているとか、長屋の内側に青竹で矢《や》来《らい》（粗く組んだ囲い）を結って垣をつくっていて、襲撃されたときはそれを楯《たて》にするつもりだとか、いろいろあったようですね。

——赤穂浪士の江戸の隠れ家は、どの辺にあったんですか？

いちばん多いのが麴町で、本所《ほんじょ》には林町5丁目に堀部安兵衛宅、徳右衛門町《とくえもんちょう》1丁目に杉《すぎ》野十平次《のじゅうへいじ》宅などがありました。そのほか、八丁堀や芝などにも住んでいます。これは、寺《てら》坂吉右衛門《さかきちえもん》がくわしく書き残しています。

浪士たちは、まずひとりが借り主になって裏店《うらだな》の長屋の一部屋を借り、4〜5日たつとそこに同志が集まってくるという方式をとったらしいです。

討ち入りに参加した者は、親子や兄弟が多く、親子が8組17人、ほかに兄弟や一族関係にある者が8人いますから、47人のうち、ただひとりだけで参加したのは22人ということになります。

——半分くらいが、親戚関係にあったんですね。逃げ出した人たちは、どういう理由だっ

日本橋石町 (本石町)3丁目 **小山屋弥兵衛裏店**	**大石主税**(垣見左内) 大石内蔵助(垣見五郎兵衛) 　若党1人 小野寺十内(仙北十庵) 早水藤左衛門	菅谷半之丞 潮田又之丞(深田斧右衛門) 近松勘六(森清助) 　家来2人 三村次郎左衛門
麹町5丁目 **大屋喜右衛門表店**	**吉田忠左衛門**(田口一真) 原惣右衛門(和田元真) 吉田澤右衛門(田口左平太)	不破数右衛門(松井仁太夫) 寺坂吉右衛門
麹町4丁目 **和泉屋五郎兵衛店**	**中村勘助**(山彦嘉兵衛) 間瀬久太夫(三橋倫貞) 間瀬孫九郎 岡島八十右衛門(郡武八郎)	岡野金右衛門(岡野九十郎) 小野寺幸右衛門(仙北又助) 　日雇小童1人
麹町4丁目裏町 **大屋七郎右衛門店**	**千馬三郎兵衛**(原三助) 間喜兵衛(杣庄喜斎) 間十次郎(杣庄伴七郎)	中田理(利)平次(中田藤内) 間新六(関新六)
麹町5丁目 **秋田屋権右衛門店**	**富森助右衛門**(山本七左衛門) 　同妻子ともに	
芝通町浜松町 **檜物屋惣兵衛店**	**赤埴源蔵**(高畠源野右衛門)	矢田五郎右衛門(塙武助)
南八丁堀→本所	**村松喜兵衛**(柿垣際圓)	
深川黒部町 **舂米屋清右衛門店**	**奥田貞右衛門**(西村丹下) 奥田孫太夫(西村清右衛門)	
芝　源助町	**磯貝十郎左衛門**(内藤十郎左衛門) 下人1人	村松三太夫 茅野和助(富田源吾)
本所三ツ目林町 **平野屋十左衛門** →南八丁堀湊町	**片岡源五右衛門**(吉岡勝兵衛) 貝賀弥左衛門 大高源五(脇屋新兵衛)	矢頭右衛門七(清水右衛門七) 田中貞四郎(田中玄回)
本所林町5丁目 **紀伊国屋店**	**堀部安兵衛**(長江長左衛門) 毛利小平太(木原武左衛門) 横川勘平 木村岡右衛門(石田左膳)	小山田庄左衛門 中村清右衛門 鈴(田)十八〈重八郎〉 　日雇打合家来1人
本所三ツ目横町 (徳右衛門町＊) **紀伊国屋店**	**杉野十平次**(杉野九一右衛門) 勝田新左衛門	武林唯七(渡辺七郎左衛門)
本所二ツ目 相生町3丁目	**前原伊助**(米屋五兵衛)	神崎与五郎(小豆屋善兵衛)

＊『義士江戸宿所并到着附』で補った。　(『寺坂私記』より。太字は借り主。カッコ内は変名)

◎赤穂浪士の江戸潜伏先(一覧)

たんですか?

横川勘平《よこかわかんぺい》の手紙には、次のように書いてあります。

12月11日付　横川勘平の手紙

「此《この》三人、江戸表一所《おもていっしょ》に罷《まか》り越し、爰元《ここもと》取り沙汰悪《あ》しく御座候《ござそうろう》を聞きて、しきりに恐れ、利平次《りへいじ》は去月《さんぬるつき》二十日、清右衛門《せいえもん》・重八郎《じゅうはちろう》は去月二十九日夜に入り欠け落ちす。比興《ひきょう》(卑怯)評すに及ばず。尤《もっと》も内蔵之助仕方、か様に延々にいたし、方々江《ほうぼうへ》もれ候儀《そうろうぎ》、よきとは申し難しとぞんじ候《そうろう》」

——この3人は、江戸にいっしょに出てきて、江戸での評判が悪いのを聞いて、しきりに恐れるようになり、中田利平次は11月20日、中村清右衛門・鈴田重八郎は11月29日の夜に逃げ出した。卑怯《ひきょう》なことは、評すにも及ばない。もっとも、内蔵助のやり方が、このように討ち入りを延び延びにして、方々へ計画が漏れていたことは、よいとはいいがたいと思います。

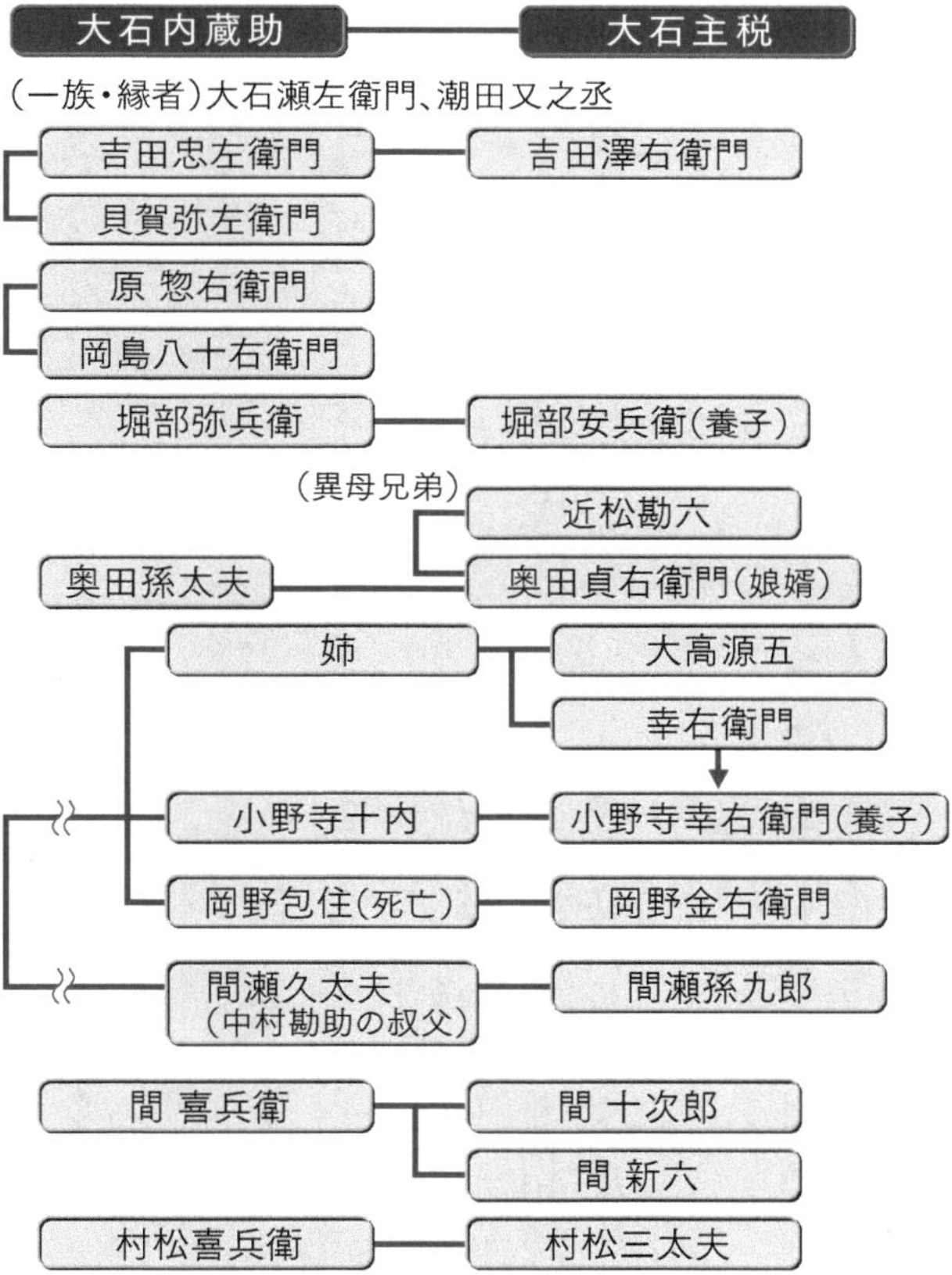
大石内蔵助
大石主税
（一族・縁者）大石瀬左衛門、潮田又之丞
吉田忠左衛門
吉田澤右衛門
貝賀弥左衛門
原 惣右衛門
岡島八十右衛門
堀部弥兵衛
堀部安兵衛（養子）
（異母兄弟）
近松勘六
奥田孫太夫
奥田貞右衛門（娘婿）
姉
大高源五
幸右衛門
小野寺十内
小野寺幸右衛門（養子）
岡野包住（死亡）
岡野金右衛門
間瀬久太夫
（中村勘助の叔父）
間瀬孫九郎
間 喜兵衛
間 十次郎
間 新六
村松喜兵衛
村松三太夫

◎赤穂浪士の縁戚関係

これらの者は、江戸に出てきたのはいいけど、江戸は大都会で、「赤穂の浪人の討ち入りなど成功するわけがない」というような世間のうわさを聞いて、怖くなったらしいですね。討ち入りが延び延びになって、計画が外に漏れ、世間ではいろいろとうわさされていたようです。

――怖くなって逃げるとは、武士もふつうの人間なんですね。

そうですね。ですから、そういう恐怖心や家族への名残惜しい気持ちを振り捨てて討ち入りに参加したことは、評価すべきだと思います。討ち入りに参加した潮田又之丞は、12月5日付で母に手紙を送っていますが、その中で、逃げた仲間に対して、次のようにいっています。

「かけおちいたし、さてさてちくせう（畜生）同ぜんの者、侍《さむらい》のつらよごしに候」

自分だって、いろんな思いをかみ殺してふみとどまっているのに、逃げるなんて「畜生同然」だというんです。まあ、当然のことかもしれませんね。内蔵助も、11月29日付で瑤《よう》泉院用人《ぜんいんようにん》（秘書）の落合与左衛門《おちあいよざえもん》へあてた手紙で、次のようにいっています。

11月29日付　大石内蔵助の手紙

「此節に至り冷光院《れいこういん》様御厚恩を忘れ、俄《にわか》に変心申し候《そうろう》段《のだん》、近頃不届千万《ふとどきせんばん》、是非なき儀に存じ候」

――この時期に来て、冷光院様（故浅野内匠頭《たくみのかみ》96ページ）の御厚恩を忘れ、にわかに変心したことは、まことに不届き千万なことで、言うべき言葉もない。

やはり、この期に及んで脱盟者が出るというのは、無念だったんでしょう。

ところで、「お岩さん」の幽霊で有名な『東海道四谷怪談《とうかいどうよつやかいだん》』は、四世鶴屋南北の代表作で、歌舞伎狂言として、文政8年（1825）7月、江戸中村座で初演されました。

このストーリーは男女の愛憎を描いたもので、当時、四ッ谷であった心中事件や男女の死体が戸板に打ちつけられて流れていたことなどがヒントになっているんですが、状況設定は、『仮名手本忠臣蔵《かなでほんちゅうしんぐら》』を借りたものでした。

主人公の民谷伊右衛門《たみやいえもん》は塩冶《えんや》（赤穂）の浪人で、討ち入りなどは考えていない不義士です。そして、かれが妻のお岩を捨てて結婚しようとするお梅の祖父は、高師直《こうのもろのお》（吉良上野介）の家来伊藤喜兵衛でした。

一方、お岩の妹のお袖の許嫁《いいなずけ》は佐藤与茂七《さとうよもしち》で、高師直邸討ち入りをめざす義士です。女好きの与茂七ですが、かれが最後に伊右衛門と対決し、お岩の仇を討つことが暗示されます。この与茂七の名前は矢頭右衛門七《やとうえもしち》のもじりで、ほかの登場人物である奥田庄三郎《おくだしょうざぶろう》、小汐田又之丞《おしおだまたのじょう》、赤垣伝蔵《あかがきでんぞう》も、それぞれ奥田孫太夫《おくだまごだゆう》、潮田又之丞、赤埴源蔵《あかばねげんぞう》をもじったものです。

設定やせりふに、ふんだんに『仮名手本忠臣蔵』のパロディが盛り込まれているだけに、当時の観客には大ウケで、容易に劇中に引き込まれることになったと思われます。

3　赤穂浪士たちの手紙

10月の終わりからから12月のはじめにかけて、浪士たちは、いよいよ討ち入りが近づいたことを実感し、それぞれ思いのたけをつづった手紙を近親者に送った。

11月29日、大石内蔵助は、討ち入り経費を締め、これまでの経費支出の詳細を書いた帳面と手形（領収書）を、瑤泉院付の用人落合与左衛門に送ることにした。

12月2日には、深川八幡《はちまん》前の大茶屋で会合を持ち、細かい打ち合わせをした。大勢が集まることから、頼母子《たのもし》を取り立てるための寄合であることにし、一日中話し合い、夜になってから散会した。

このとき、決行の日には、吉良邸近所の隠れ家3カ所（のちに2カ所に変更）に集合すること、上野介の首を取ったら竹笛を吹いて順々に知らせること、裏門から出て、近所の回向院《えこういん》に引くこと、引いている途中で他家の軍勢が来た場合の対処の仕方などが決められた。

武器は、あらかじめ本所林町5丁目の堀部安兵衛宅に運んでおいた。
12月9日、内蔵助は、落合与左衛門に手紙を送り、いよいよ討ち入りすることを伝えた。
（『江赤見聞記』『寺坂私記』『赤穂義士史料』下巻より）

——赤穂浪士たちが、討ち入りの前に送った手紙には、どのようなことが書いてあったんですか？

母や妻、子、弟などと別れを惜しむ手紙が多いですね。神崎与五郎は、妻のおかつに対して、こんなふうにいっています。

「自分もあなたが恋しいけれど、これは人としての務めなんだ」

つまり、武士として、討ち入りは、ぜひともやり遂げなくてはならない義務だったということです。ほかの者の手紙を見ても、これは「さむらいの習い」であるとか、これに加わらなければ、「武士をはずれる」などといっています。討ち入りするのが、再就職のためだった、というようなことをいう人もいますが、それはまったくの誤りです。

浪士たちは、全員、自分たちは死ぬものだと思っていました。これは、たとえ討ち入りが成功しても、幕府の厳しい処分が予想されたからです。死ぬとわかっている討ち入りに進んで加わったんですから、そんな議論は浪士たちへの中傷です。

――赤穂浪士は、集団で老人ひとりを殺した殺人集団だ、なんて言う人もいますよね。

形だけ見ると、そうなりますね。でも、それは、歴史の正しい見方とはいえません。歴史上の人物の行動は、その時代の社会観念や道徳を下敷きにして見ていかなければなりません。

赤穂浪士から見ると、主君浅野内匠頭は、吉良上野介とけんかをしたんです。けんかをして主君が切腹になった以上、上野介も処罰を受けなければ、喧嘩両成敗《けんかりょうせいばい》という「天下の大法」が実現されてないことになります。

浪士たちが何度も言っているんですが、これは、幕府のあまりに「片落ち」の処分なんです。そして、いくらそれを嘆願しても、幕府がこたえてくれない以上、武士としては、実力をもってしても喧嘩両成敗という「正義」を実現しなければならない。

実際に、12月8日付の神崎与五郎の手紙で、

「大義を取り立て申すと存じ候《そうら》へば、なにもかもおもしろく存じ奉《たてまつ》り候」


と言っているように、討ち入りは、浪士たちにとっては「大義を取り立て」る行動だったんです。

そして、その大義のために、断腸の思いで愛する者を残し、討ち入りに参加したわけですから、浪士の行動は私心を捨てて大義のために行動する、というものだったことは認めなくてはならないと思います。

もちろん、現代的な観念からいえば、それはやはり私怨《しえん》であって、暴力に訴えてはならないとか、それが本当に大義だったのかとか、義よりも妻や家族への愛情のほうが大切だ、とかいう考え方も成り立ちます。でも、これは江戸時代の話で、江戸時代という武士の社会では、「武士道」という道徳こそがなによりも優先されます。

人情ということでいえば、赤穂藩に藩士は２００人以上いましたが、最後まで残ったのは50人ほどでしたし、討ち入りが決まってから逃げ出す者もいたぐらいですからね。

――「最後の忠臣蔵」という映画では、内蔵助が自分の家来の瀬尾孫左衛門に妾可留《かる》との間にできた娘の面倒を見させるために脱盟させた、となっていましたが……。

あの映画はよく辻褄を合わせていて、感心しました。しかし、史実の上では、内蔵助は生まれる子どもはすでにもと赤穂藩医の寺井玄渓《げんけい》に頼んでいますし、足軽で自分もその場から逃れた寺坂吉右衛門が瀬尾を付け狙うというのもおかしな話です。内匠頭の陪臣だった瀬尾には、討ち入りに参加しなければならない義理はなく、のちに切腹する必要はないはずです。

――内蔵助は討ち入りのことを、瑤泉院の用人、落合与左衛門には知らせていたんですね。

ええ、11月29日付と12月９日付の手紙を書き、『預置候金銀請払帳《あずかりおきそうろうきんぎんうけはらいちょう》』などの書類を届けています。ただし、実際に届けたのは討ち入り当日の12月14日夜で、近松勘六の家来甚七という者が飛脚を務めています。だから、大石が瑤泉院に会いに行ったという「南部坂雪の別れ」は、創作です。瑤泉院の屋敷は南部坂（港区麻布4丁目）にありましたが、当時、瑤泉院は赤坂今井町の三次《みよし》浅野邸にいたからです。

12月9日付の手紙には、いよいよ討ち入りする決意を告げています。そして、吉良屋敷に持参する討ち入りの口上書《こうじようしよ》（討ち入りの趣旨を書いた文書）もいっしょに送っているんです。これには、盟約に加わった者の名前が列挙されていました。これを届けたのも12月14日夜かもしれません。

落合あての手紙の中で大石は、

「武運に相叶《あいかな》い、存じの外宜《ほかよろ》しき首尾《しゆび》」

と書いています。それなりに自信があったんだと思われます。

——12月2日の会合を頼母子《たのもし》取り立てのための寄合にした、というのは、どういうことなんでしょうか。

頼母子というのは、金銭を融通する互助組合みたいなものです。たとえば、10人が集まって1人1両ずつ出すと10両になります。その10両をくじ引きして当たった人がもらいます。そのお金で家を修理したり、旅行に行ったりします。一応全員が当たるまで続けるんですが、中には「取りのき無尽《むじん》」といって、当たった人が抜ける博奕《ばくち》みたいな頼母子もあったようです。討ち入りの12日前の会合ですから、かなり細かく決めていますね。手はずを最終的に整えておく必要があったんでしょう。

いくつかほかの手紙も紹介しましょう。

赤穂浪士の手紙

10月16日　神崎与五郎則休《のりやす》の手紙　おかつ（妻）あて

5両3人扶持《ふち》、足軽徒目付《あしがるかちめつけ》、郡《こおり》目付、38歳

「さむらいのつまたるものの、さやうなるはあしく候まま、よくよく心にて心をとりなをし候《そうろうべ》へく候《そうろう》、われらとても、そのかたこひしく候《そうらい》ても、これは人たるもののつ

とめにて候」
——侍の妻が、嘆き悲しむというようなことはよくないので、よくよく気を取り直しなさい。私も、あなたが恋しいけれども、これは人たる者の義務なのだ。

11月5日　間十次郎光興《みつおき》の手紙　渡邊半《はん》右《え》衛門《もん》あて
部屋住み、26歳

「京・島原・伏見へも一度ほどつは参《まい》り申し候間《あいだ》、浮世におもひ残し申し候事は無之候《これなくそうら》えども、其元《そこもと》私《わたくし》妾《しょう》事《こと》不便《ふびん》（不憫）に存候《ぞんじそうろう》」
——京・島原・伏見へも一度ほどずつは行ったので、浮世に思い残すことはありませんが、そちらにいる私の妾のことだけが不びんです。

11月8日　神崎与五郎則休の手紙　神崎藤九郎《ふじくろう》（弟）あて
「我等《われら》早世《そうせい》は不孝の様にも他より存ずべく候得《そうらえ》ども、武家の上には尤《もっと》も忠義専らの由《よし》これあり候へば、御双親様《おんふたおやさま》御心得遊ばされ候様に御諫《おいさ》め給《たま》うべく候」
——私が早死にすることは、親不孝のように他人は思うかもしれませんが、武家にとってはは忠義を専らにすべきですので、ご両親様が納得するように、おいさめをお願いします。

11月20日　堀部安兵衛武庸《たけつね》の手紙　青地与五兵衛《あおちよごびょうえ》（堀部金丸《あきざね》の甥《おい》）あて

200石、馬廻、33歳

「此度《このたび》同志の一決《いっけつ》、変心なく亡主への志を顕《あら》わし、本望至極《しごく》に存じ候段《そうろうだん》、御察し下さるべく候」

――この度、同志の心がひとつとなり、変心なく亡主への志を示すことができ、本望至極に存じておりますこと、お察しください。

11月21日　近松勘六行重《ゆきしげ》の手紙　作兵衛《さくびょうえ》・おうばあて

250石、馬廻、34歳

「われら事、幼少より母におくれ候所に、わけてそなたなにかといたはり候て成人いたし、（中略）そなた一代何卒《なにとぞ》介抱いたし度《たく》おもひ申し候に、不仕合《ふしあわせ》にてろう人いたし、近頃残念にぞんじ候、さりながら何事も前世の約束と覚《おぼ》しめしくださるべく候」

――私は、幼少のとき母に先立たれ、そなたに大変世話になって成人し、（中略）そなたの老後はぜひ見てあげたいと思っていましたが、運悪く浪人し、大変残念に思っています。しかし、何事も前世の約束と思ってください。

12月4日　岡野金右衛門包秀《おかのきんえもんかねひで》の手紙　母御人《ははおひと》あて
部屋住み、23歳、親の金右衛門包住《かねずみ》は小野寺十内《じゅうない》の実弟

「もとより其元を立《たち》いで申し候時分より、二度《にど》立かへり申すべきかくごにて御《ご》ざなく、かねてぞんじきわめたる事にて候へども、今さら御身の上をぞんじやり候へば、ひとへにめいどのさわりとも成り申す事にて、とかくとかく何事もさむらいのならいにて候へば、ずいぶんずいぶん思《おぼ》し召しきかせられ、かならずかならずふかく御なげき成されまじく候」

――もともとそちらを出発したときから、二度と帰るつもりはありませんでした。かねてから決意していることですが、いまさらながら母上のことを考えると、（心が乱れて）冥土《めいど》へ行く障害になります。
とにかく何事も侍の習いですので、ずいぶんお考え直しになって、必ず深く嘆かな

いようにしてください。

12月5日　茅野和助常成《かやのわすけつねしげ》の手紙　茅野善助・加太夫《かだゆう》・善二郎あて

5両3人扶持、役料5石、横目《よこめ》（領地を見回る役）、36歳

「此場を逃れ候《そうらい》ては、一家の面目、殊に武士を立て候得《そうらえ》ば、武次郎または倅《せがれ》猪之吉《いのきち》などにもあしく、とかく武士をはつれ申す事に御座候《ござそうろう》、人たる者、一生纔《わず》かの間一度《ひとたび》是非共死《ともしぬ》る命に御座《ござ》候得《そうらえ》ば、早く相果て候迄の事に御座候」

——この場を逃れたのでは、一家の面目にもかかわり、ことに武士として生きているので、武次郎やせがれの猪之吉などにもよくないし、とにかく武士の道を外れることになります。人間は、短い一生の間に一度はどうしても死ななければならないものなので、早く死んだというだけのことです。

12月5日　潮田又之丞高教《たかのり》の手紙　しんせういんあて

200石、絵図奉行《えずぶぎょう》（幕府が命じた国絵図作成の責任者）、34歳

「先立ち候事、さてさて御残り多くぞんじ候へども、かねて申し上げ候ごとく、やみ

かたき次第、武士の本意をかき候ては先祖のめうじに疵《きず》をつけ（中略）御いたはしく候《そうら》へども、武士のいきとをり、是非もなき事と思し召し、御あきらめくださるべく候」

――母に先立つことは、お名残多く思いますが、かねて申し上げたように、どうしてもしなくてはならないことで、武士の本意を欠いたとしたら先祖の名字に疵《きず》をつけることになります、（中略）御いたわしくは思いますが、武士の憤りはしかたのないことお思いになって、あきらめなさってください。

12月7日　大高源五《おおたかげんご》忠雄《ただお》の手紙　母御人あて
20石5人扶持、御膳方元方《おぜんがたもとかた》・御金奉行《ごきんぶぎょう》・御腰物方《おこしものかた》（主君の差料の刀を管理する）、31歳

「是《これ》かぎりの文にて御座候、（中略）まことにまことにさきだちまいらせ候不孝のつみ、後の世もおそろしくぞんじ奉《たてまつり》候《そうら》へども、まったくわたくし事にすて候命ならず候まま、そのつみを御ゆるし下され、とにもかくにもふかく御なげき遊ばされず、御ねんぶつ頼み奉り候」

――これが最後の手紙でございます。（中略）本当に、先立ってしまう不孝の罪は、後

生が恐ろしく思いますが、私事で捨てる命ではありませんので、その罪を許していただき、とにもかくにも深くはお嘆きにならず、私のためにお念仏を頼み奉ります。

12月13日　岡島八十右衛門常樹《やそえもんつねもと》の手紙　前川弥四郎《やしろう》・八木新十郎あて
20石5人扶持、札座《さつざ》勘定方、37歳、原惣右衛門《はらそうえもん》の実弟

「兼ねて存じ立ちの事、申し合わせ候者ども止《や》み難く、右の通りに候、其許《そこもと》妻子共難儀に及び申すべく候、不便（不憫）に存じ候」

――かねて決心したこと、申し合わせた者たちは止まることができず、右のようなことになりました。そちらにいる妻子たちは難儀に及ぶことでしょう。不びんに思います。

4 討ち入り日の決定

いよいよ残るは、討ち入り決行日の決定である。そのためには、なんとしても吉良上野介の予定がわからなければならない。

内蔵助の一族である大石無人《おおいしぶじん》の次男大石三平《おおいしさんぺい》は、もと近衛《このえ》家に仕え、当時は浪人して江戸にあり、赤穂浪士の行動を陰で支援していた。かれは、茶道の宗匠である山田宗徧《やまだそうへん》の弟子で、同じ弟子である中嶋五郎作《なかじまごろさく》という材木問屋と親しかった。

その中嶋のところに借家していた羽倉斎《はくらいつき》が、江戸で神道《しんとう》や歌道を教えていて、吉良上野介の屋敷にも出入りしていた。三平は、この羽倉から、12月14日に吉良邸で茶会があることを聞いた。

また、浪士のひとり大高源五《おおたかげんご》も、山田宗徧の弟子だった。かれも、12月14日の吉良邸茶会の情報をつかんできた。

三平や源五の報告を受けた内蔵助は、討ち入り決行を12月14日と決めた。

（『江赤見聞記』より）

大高源五《おおたかげんご》が、宗徧《そうへん》に、「近々上方へ帰るので、奥伝授を受けたい」と言って、宗徧の都合のよい日をたずねた。すると宗徧は、「14日には吉良邸で茶会があるので、15日にしてほしい」と答えたから上野介の予定がわかった、というのは、有名な話ですね。でも、宮澤誠一（139ページ）さんは、大高が苦心して吉良邸茶会の情報を入手したというのは、「初期の実録書以来の俗説」だとしています。

大高源五は、俳諧で名が高く、当時の有名人だったから評判がよかったんです。かれを活躍させたいと思って、大石三平《おおいしさんぺい》の働きを源五のものとしたというんです。ただ、源五が情報を入手したというのは、『江赤見聞記』巻五に収録された大石内蔵助の手紙にある話です。

大石の手紙は、12月14日付、寺井玄渓に宛てたもので、次のように書いています。

「此の宗徧へ大高源五町人に作り、弟子いたし候《そうらい》て、会日迄も自然は之《これ》を承り候《そうろう》、先日之《これ》在り候《そうら》へ共《ども》、御《お》成日《なりび》故遠慮致し、明日打ち込み申す事、一段之《いちだんの》手筋《てすじ》もとめ、大悦《だいえつ》之《これ》に過ぎず存じられ候。此の上首尾好く本望達し申し度《たく》存ず斗《ばかりに》 御《ご》座候《ざそうろう》」

――宗徧へ大高源五が町人に扮して弟子になり、茶会の日までも自然と聞くようになった。先日も茶会があったけれども、御成日（将軍が外出する日）だったので遠慮し、明日討ち入ります。一段とよい手筋を求めることができ、これに勝る喜びはありません。この上は首尾よく本望を達したいと思うばかりでございます。

やはり、大高は吉良邸茶会の情報を入手したようです。この手紙の日付は活字では「11月14日」になっていますが、明日討ち入ると書いているので12月14日が正しく、大石たちはこの日の深夜（15日の夜明け前）に討ち入ったわけです。

――大石三平にお茶会のことを伝えた羽倉斎《はくらいつき》の功績も大きいですね。赤穂藩と関係があったのですか？

かれは、京都の伏見稲荷の神主《かんぬし》で、のちに国学の先駆者として有名になる荷田春満《かだのあずままろ》です。

名前は聞いたことがあるんじゃないでしょうか。赤穂藩の関係者ではなかったので、きっと赤穂の浪士たちに同情的だったんでしょう。

羽倉は、勅使に随行して江戸に出てきて、そのまま江戸で勉強していました。12月13日付でかれが大石三平にあてた手紙が残っていて、そのなかで、

「彼方《かなた》の儀は、十四日の様にちらと承り候」

とさりげなく情報を伝えているんです。これは大きかったでしょうね。

——ドラマなどでは、討ち入りの直前に妻に止められて行けなかった人もいましたよね？

それは、毛利小平太のことですね。小平太は、吉良邸の内部を探ったりして、ずいぶん功績のあった同志のひとりなんです。吉良邸の造りを探ったのもかれでした（173ページ）。その小平太が、12月11日になって、大石に手紙を送って脱盟します。

「拠《よ》んどころなき存じ寄り（自分の思うところ）これあり候につき」

と言っていますから、よほどの事情があったと考えるべきなのかもしれません。『江赤見聞記』では、小平太の兄が、後難を恐れて止めたとしています。

同じ日、横川勘平は、親類にあてて、

「死も近々と相覚《あいおぼ》え候」

という言葉ではじまる手紙を書いています。これが最後の手紙だと思ったんでしょう。

12月11日付　横川勘平の手紙

「不日之命《ふじつのいのち》に迫り候て、其の御地《おんち》皆々様御事《おんこと》も存じ出し、いつよりは御名残《おなごり》おしふ存じ候、しかし落涙はもののふの常にて候」

——いつとは知れない命となって、その地のみなみな様のことも思い出し、ことさらにお名残惜しく思います。しかし落涙は、武士の常でございます。

氏名	実名	年齢*	家禄	役職(親族関係)
大石内蔵助	良雄	44歳	1500石	国家老
大石主税	良金	15歳	部屋住み	(大石内蔵助嫡子)
吉田忠左衛門	兼亮	63歳	200石	足軽頭・郡代
磯貝十郎左衛門	正久	24歳	150石	物頭・側用人
原　惣右衛門	元辰	55歳	300石	足軽頭
堀部弥兵衛	金丸	76歳	隠居	元江戸留守居役(もと300石取り)・隠居料50石
片岡源五右衛門	高房	36歳	350石	側用人・児小姓頭
近松勘六	行重	33歳	250石	馬廻
間瀬久太夫	正明	62歳	200石	目付
富森助右衛門	正因	33歳	200石	馬廻・御使番
小野寺十内	秀和	60歳	150石	京都留守居役
潮田又之丞	高教	34歳	200石	絵図奉行・郡奉行
堀部安兵衛	武庸	33歳	200石	馬廻・御使番(堀部弥兵衛婿)
赤埴源蔵	重賢	34歳	200石	馬廻
奥田孫太夫	重盛	56歳	150石	武具奉行・江戸定府
矢田五郎右衛門	助武	28歳	150石	馬廻・江戸定府
岡島八十右衛門	常樹	37歳	20石5人扶持	札座勘定奉行(原惣右衛門実弟)
早水藤左衛門	満堯	39歳	150石	馬廻
間　喜兵衛	光延	68歳	100石	勝手方吟味役
中村勘助	正辰	46歳	100石	書物役
菅谷半之丞	政利	43歳	100石	馬廻・代官
不破数右衛門	正種	33歳	浪人	元馬廻・浜奉行・もと100石取り
千馬三郎兵衛	光忠	50歳	100石	馬廻・宗門改
大石瀬左衛門	信清	26歳	150石	馬廻(大石内蔵助はとこ)
木村岡右衛門	貞行	45歳	150石	馬廻・絵図奉行
岡野金右衛門	包秀	23歳	部屋住み	亡父岡野金右衛門包住は物頭・200石取り
吉田澤右衛門	兼定	28歳	13両3人扶持	蔵奉行(吉田忠左衛門嫡子)
貝賀弥左衛門	友信	53歳	10両5人扶持	蔵奉行(吉田忠左衛門実弟)
大高源五	忠雄	31歳	20石5人扶持	膳番元方・腰物方・金奉行(小野寺幸右衛門実兄)
武林唯七	隆重	31歳	15両3人扶持	馬廻
倉橋伝助	武幸	33歳	20石5人扶持	中小姓・扶持奉行
村松喜兵衛	秀直	61歳	20石5人扶持	扶持奉行・江戸定府
杉野十平次	次房	27歳	8両3人扶持	札座横目
勝田新左衛門	武堯	23歳	15石3人扶持	札座横目
前原伊助	宗房	39歳	10石3人扶持	中小姓・金奉行
間瀬孫九郎	正辰	22歳	部屋住み	(間瀬久太夫嫡子)
小野寺幸右衛門	秀富	27歳	部屋住み	(小野寺十内養子)
間　十次郎	光興	25歳	部屋住み	(間喜兵衛長男)
間　新六	光風	23歳	部屋住み	(間喜兵衛次男)
奥田貞右衛門	行高	25歳	9石3人扶持	加東郡勘定方(近松勘六の異母弟、奥田孫太夫の娘婿)
矢頭右衛門七	教兼	17歳	部屋住み	亡父矢頭長助教照は勘定方・20石5人扶持
村松三太夫	高直	26歳	部屋住み	(村松喜兵衛嫡子)
神崎与五郎	則休	37歳	5両3人扶持	徒目付(役料5石)・郡目付
茅野和助	常成	36歳	5両3人扶持	横目
横川勘平	宗利	36歳	5両3人扶持	徒目付(役料5石)
三村次郎左衛門	包常	36歳	7石2人扶持	酒奉行・台所役
寺坂吉右衛門	信行	39歳	5石2人扶持	吉田忠左衛門組足軽

*年齢は討ち入り時。　　(『江赤見聞記』巻四より。討入書置書付の署名順)

◎討ち入りに参加した四十七士(席次順)

もうすぐ死ぬと思って、家族や知り合いの顔が目に浮かんだんでしょう。内蔵助も、討ち入り前日の12月13日に手紙を送っています。これも遺書みたいなものでした。

12月13日付　大石内蔵助の手紙

「当七月、亡主弟大学儀、芸州へ御預け、（中略）時節到来、同志の者申し合わせ、上野介屋布《やしきへ》江乱入仕り候。家中一同の儀、もっとも志うすき者共は跡に残り、親切の者四十八《しじゅうはち》人、妻子・親類・後難をもかゑりみず、右の所存に御座候」

――当七月、亡き主君の弟大学が芸州（広島）へ御預けとなり、（中略）ついに時節が到来し、同志の者が申し合わせ、上野介の屋敷へ乱入いたします。家中一同は、志の薄い者どもはあとに残りましたが、「親切の者」48人が結束し、妻子・親類・後難をもかえりみず、討ち入る覚悟でございます。

「親切の者」というのは、なかなか現代語訳しにくいですね。「大石の計画に最後まで従ってきた志の篤《あつ》い者」といった意味だろうと思いますが、その志が「忠義の志」なのか、

「武士道の志」なのかもよくわからない。おそらく、両方が分かちがたく結びついた心情なんじゃないかと思います。

さて、いよいよ討ち入りです。

元禄15年（1702年）

10月 7日	大石内蔵助、京都を出て、江戸へ。潮田又之丞、近松勘六、早水藤左衛門、菅谷半之丞、三村次郎左衛門が同道
10月20日	箱根に到着。箱根神社で討ち入り成功を祈願
10月21日	鎌倉に到着。江戸から迎えに来た吉田忠左衛門と落ち合い、鶴岡八幡宮へ討ち入り成功祈願のお参り
10月25日	鎌倉出発、川崎宿で宿泊
10月26日	平間村に到着。富森助右衛門の家で討ち入りの計画を練る
11月初旬	内蔵助は、若い者を4組に分けて、吉良邸と上杉邸の夜回りをさせる
11月 2日	小山田庄左衛門が小袖と金子を少し盗み逃亡
11月 4日	田中貞四郎が逃亡
11月 5日	大石内蔵助が江戸に到着
11月20日	中田利平次が逃亡
11月29日	内蔵助が討ち入り経費を締め、支出の詳細を記した帳面と手形を落合与左衛門に送る。中村清右衛門、鈴田重八郎が逃亡
12月 2日	深川八幡前の大茶屋で会合。細かい打ち合わせをする
12月 6日	矢野伊助、瀬尾孫左衛門が逃亡
12月 9日	内蔵助は、落合与左衛門に手紙を送り、討ち入りすることを伝える
12月11日	毛利小平太が脱盟
12月13日	羽倉斎が吉良邸茶会の日が14日であることを告げる

◎赤穂事件の流れ⑥　10月7日～12月13日

第6章　吉良邸討ち入り

～決戦の時

1 いざ、吉良邸へ

47人の者は、みな用意をし、本所林町《ほんじょはやしちょう》5丁目の堀部安兵衛《ほりべやすびょうえ》と本所徳右衛門町《とくえもんちょう》1丁目の杉野十平次《すぎのじゅうへいじ》の借宅へ集まった。この2カ所で着替えを済ませ、寅《とら》の上刻（午前4時半ごろ）に借宅を出た。

吉良《きら》邸の屋敷わきで、かねて申し合わせた通り、表門部隊と裏門部隊の二手に分かれた。表門の大将は大石内蔵助《おおいしくらのすけ》、裏門の大将は息子の大石主税《おおいしちから》で、足軽頭《あしがるがしら》の吉田忠左衛門《よしだちゅうざえもん》が主税を補佐した。

表門部隊の大高源五《おおたかげんご》と間十次郎《はざまじゅうじろう》は、吉良邸前の、町に火の用心のためにかけていた梯子《はしご》を拝借し、長屋の屋根を乗り越えていちばん乗りを果たした。

表門部隊は、次々と長屋の屋根を越えて乗り込んだ。吉良邸の門番2～3人が立ち向かってきたが、なぎ倒して縛りつけ、門を討ち入った者で固めた。

そして、合図の鉦《かね》を打った。これに呼応して、裏門部隊は、かけ矢（大きな木《き》槌《づち》）で門をうち破り、「火事だ、火事だ！」と叫びながら乱入した。

切り込み隊に指名された者たちは、後ろも見ずに屋敷内に乱入した。

表門部隊は、玄関の戸をうち破り、広間に上がった。当番の番士が4～5人走り出てきたが、即座に斬り殺した。

そして、そこに並べてあった弓の弦を斬り、鎗《やり》の間《ま》では鎗14本を斬り折って敵が使えないようにした。

吉良邸は大騒ぎとなり、屋敷を警備していた者は、

「いま、狼藉者《ろうぜきもの》どもが斬り入りました！」

とふれ回るが、なにぶんにも内匠頭《たくみのかみ》の刃傷《にんじょう》から1年半以上の年月がたっているので油断しており、あわてて出ていったところを、ひと太刀、あるいはひと鎗でしとめられた。

斬り込んだ者は、負傷して倒れた者はそのままにし、新手の敵と渡り合った。

内蔵助は、火の元に気を配るよう命じた。

浪士たちは、大声で、

「浅野内匠頭家来、主《あるじ》の敵討《かたきう》ち！」

と叫びながら、屋敷の奥へ進んでいった。

それでも玄関と鎗の間で当番の者が敵を防いでいるうちに、非番の者も駆けつけ、奮戦した。その間に、近習《きんじゅう》（藩主の側近くに仕える家臣）の者が上野介《こうづけのすけ》の身を隠させた。

（『江赤見聞記』より）


――いちばん最初に乗り込んだのは、大高源五と間十次郎だったことが史実としてきちんと残っているんですね。斬り込んでいく勢いというかスピード感まで伝わりますね。

そうですね。浅野の切腹後、同志たちが、ひとり、またひとりと抜けていく中で、商人などに身をやつしながら、1年半準備してきたことが、とうとう結実する時がきた。そのはやる気持ちが伝わってくるようです。

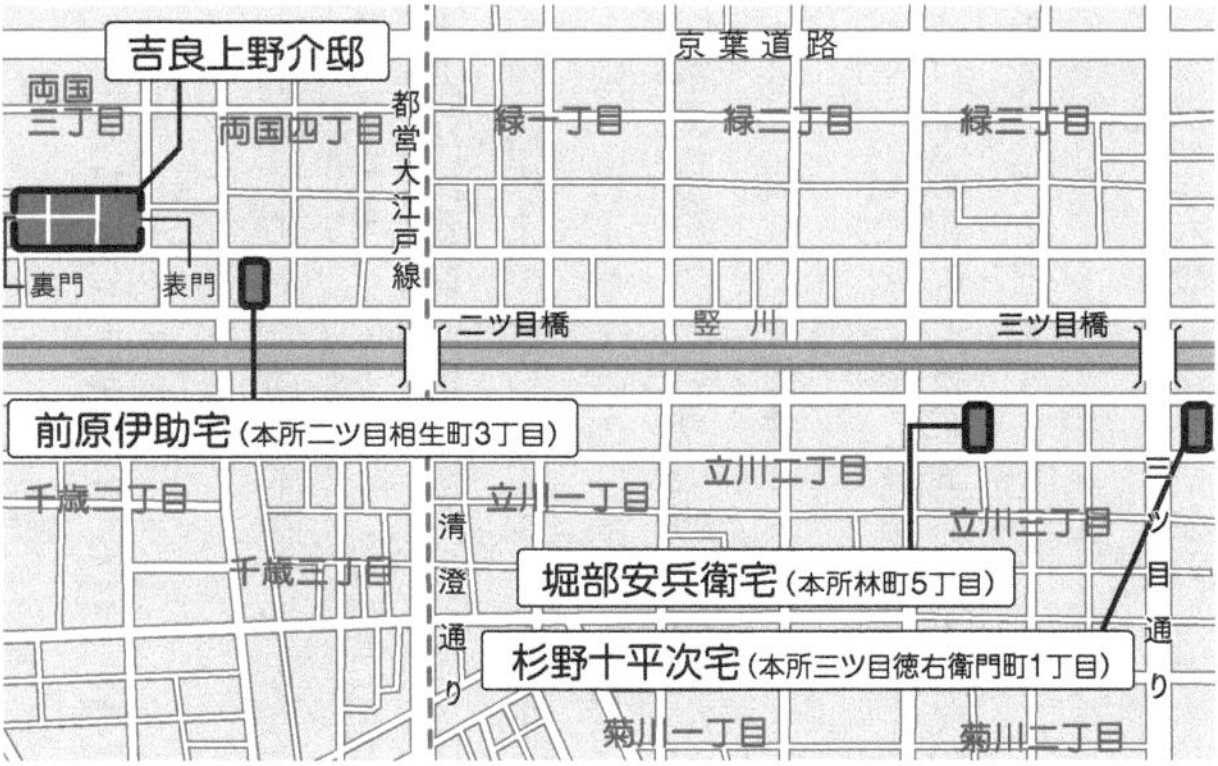

◎討ち入り前の集合場所だったところ

――借宅から吉良邸までは、どのくらいの距離だったんでしょうか。ドラマで観た、しんしんと降る雪の中を歩いてくシーンが印象的でした。

堀部《ほりべ》安兵衛《やすびょうえ》たちの家は、神崎《かんざき》や前原《まえばら》伊《い》助《すけ》の家よりも、少し遠かったので、ふつうに歩けば15分～20分、といった距離じゃないでしょうか。

――「梯子《はしご》を拝借」したとのことですが、あらかじめ準備していませんでしたか？

そうなんですが、大高源五《おおたかげんご》らはいちばん乗りしたくて、自分で町の梯子を拝借したようなんです。梯子を持っていた若い者たちは、油断していて、それに気づかなかったんですね。

——それにしても、よくここまで詳細な史料が残っていましたね。

討ち入りに参加した浪士たちが覚書《おぼえがき》を残していて、それが『江赤見聞記《ごうせきけんぶんき》』にまとめられたからです。ただし、『江赤見聞記』では、巻四と巻五に討ち入りの様子が書いてあって、巻四が富森助右衛門《とみのもりすけえもん》が大目付《おおめつけ》へ提出した口上書《こうじょうしょ》を基本に書いたもので、巻五は原惣右衛門《はらそうえもん》の覚書によったものです。そしてこの2つは、微妙に話が違うところがあります。

ほかに、泉岳寺の住持が大石たちに聞いた話を幕府に報告したという、「泉岳寺書上《せんがくじかきあげ》」（『承天覚書《しょうてんおぼえがき》』）という史料もあるんですが、これは戦いの様子がくわしく書かれすぎているから、逆に信用できません。

——それはたしかに創作が入っていそうですね。吉良邸のほうには、何人ぐらい家来がいたんですか？

正確な人数はわからないんですが、１００人以上いたことはたしかです。ただ、実際に戦った者は40人もいなかったようです。というのも、武家屋敷の周囲は長屋になっていて、そこに家臣たちが住んでいます。浪士たちが討ち入ったとき、非番の家臣たちは、みんな長屋にいました。浪士たちはその出口を固め、準備していたかすがいで長屋の戸口を打ちつけ、閉じ込めてしまった。だから出るに出られず、すき間から外を見ていただけ、といった者が多かったようです。

それに討ち死にした者も、「火事だ！」という声にあわてて出ていって鎗で突かれて死んだという者が何人もいます。だまし討ちみたいなものですが、本来、武士の戦闘というのは、手段を選ばず勝つというのが基本でしたし、だますというのは、「調略《ちょうりゃく》」といって、立派な戦術なんです。

東　組（表門組　大将：大石内蔵助）			
表門固め	十文字 大石内蔵助(44)	十文字 原惣右衛門(55)	直鎗 堀部弥兵衛(76)
	鍵鎗 間瀬久太夫(62)	鍵鎗 村松喜兵衛(61)	
玄関固め	刀 近松勘六(33)	野太刀 大高源五(31)	十文字 間十次郎(25)
	半弓 早水藤左衛門(39)	鍵鎗 矢頭右衛門七(17)	半弓 神崎与五郎(37)
新門固め	十文字 岡野金右衛門(23)	手鎗 貝賀弥左衛門(53)	刀 横川勘平(36)
屋敷内斬り込み	十文字 片岡源五右衛門(36)	十文字 富森助右衛門(33)	大身鎗《おおみのやり》 武林唯七(31)
	鎗 勝田新左衛門(23)	刀 矢田五郎右衛門(28)	長刀《なぎなた》 奥田孫太夫(56)
	刀 吉田澤右衛門(28)	刀 小野寺幸右衛門(27)	刀 岡島八十右衛門(37)

（『赤城士話』による。カッコ内は討ち入り時の年齢）

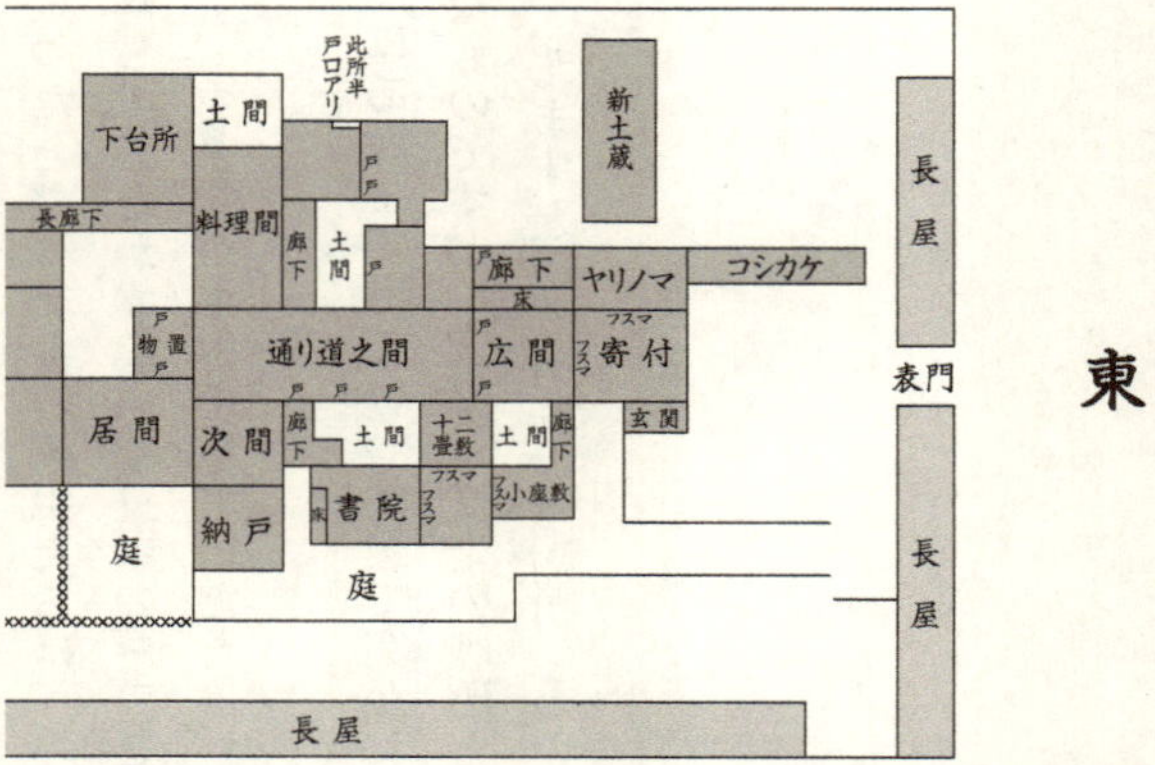

（『赤穂義士史料』中巻より）

西　組（裏門組　大将：大石主税、副将：吉田忠左衛門）			
裏門内固め	*十文字 大石主税（15）	鍵鎗《かぎやり》 吉田忠左衛門（63）	十文字 間喜兵衛（68）
	鍵鎗 小野寺十内（60）	鍵鎗 潮田又之丞（34）	
長屋防ぎ	鍵鎗 木村岡右衛門（45）	鍵鎗 不破数右衛門（33）	刀 前原伊助（39）
	半弓《はんきゅう》 茅野和助（36）	半弓 千馬三郎兵衛（50）	半弓 間新六（23）
	十文字 間瀬孫九郎（22）	十文字 中村勘助（46）	野太刀《のだち》 奥田貞右衛門（25）
屋敷内斬り込み	直鎗《すやり》 磯貝十郎左衛門（24）	野太刀 堀部安兵衛（33）	刀 倉橋伝助（33）
	刀 赤埴源蔵（34）	十文字 大石瀬左衛門（26）	直鎗 村松三太夫（26）
	刀 菅谷半之丞（43）	刀 杉野十平次（27）	刀 三村次郎左衛門（36）
	刀 寺坂吉右衛門（39）		

＊「十文字」は「十文字鎗」のこと。「野太刀」は「長太刀」ともいい、長い刀。「長刀」は「なぎなた」のこと。

◎討ち入り時の配置と武器

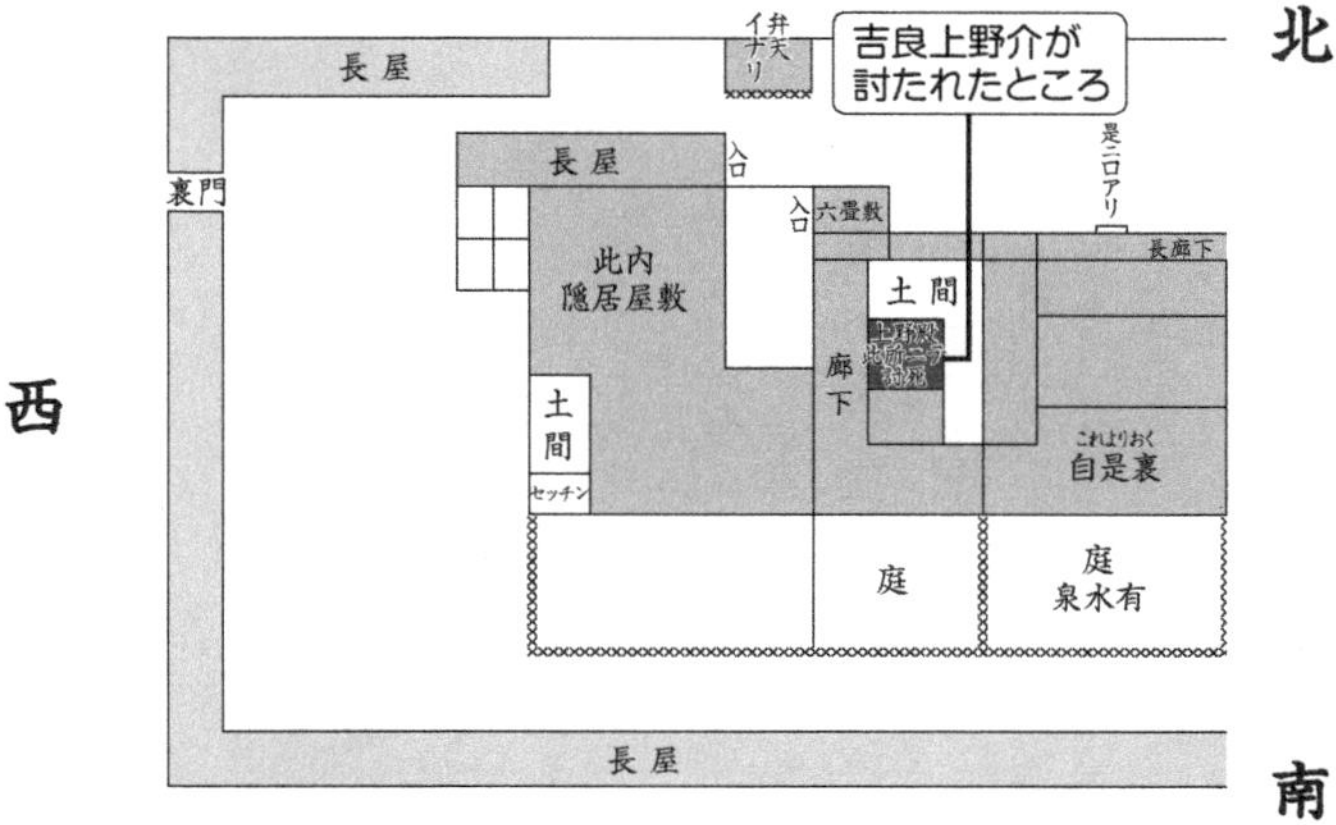

◎吉良邸屋敷図

2 屋敷内での戦闘

吉良上野介の居間へ斬り入ったところ、小姓《こしょう》の鈴木《すずき》貞之進《さだのしん》と坊主の牧野春斎《まきのしゅんさい》が立ち合って奮戦したが、多勢に無勢であったため、深手を数カ所負い、2人ともその場に倒れた。

上野介の家老小林平八郎《こばやしへいはちろう》は、鎗を使ってあちこちで鎗を合わせて敵を防いだが、ついに討ちとめられた。

表門の向かいの牧野《まきの》長門守《ながとのかみ》、北側の本多《ほんだ》孫太郎《まごたろう》、土屋《つちや》主税《ちから》の屋敷では、この騒動に火事かと思い、駆け出してきたが、火の手が見えないので、浅野家家来の討ち入りかと納得し、屋敷内に高提灯《たかちょうちん》をともして、屋敷境に詰めかけた。

隣の屋敷から屋根へ少し人数が出てきたのを見て、片岡源五右衛門《かたおかげんごえもん》と小野寺《おのでら》十内《じゅうない》が屋敷際に走りより、声高に断った。

「敵討《かたきう》ちでござる！　侍《さむらい》は相互《あい》いの儀、お構い下されるな！　どうしてもお構いになると言うのであれば、そこもとへ狼藉に及びます！」

するとと、隣の屋敷の高提灯の数が増えた。

源五右衛門は、本多孫太郎と土屋主税の屋敷に向かって一礼を述べ、持ち場に戻った。

討ち入った者たちは、上野介の寝間をめざして進んでいった。足軽をひとり捕らえ、上野介の寝間を聞いて乱入したが、そこには夜具（寝具）のみが残され、上野介の姿はなかった。

みな途方にくれたが、茅野和助《かやのわすけ》が機転を利かせて夜具の中に手を入れてみたところ、まだ温かい。

「おそらく、たったいまここを出たばかりです。早く捜しましょう！」

討ち入った者たちは力を得、組々に分かれて屋敷内に散っていった。あやしいところは、床まで壊して捜した。このころ、屋敷内では、まだ吉良方の侍が、散発的に抵抗していた。

上野介の寝間には、硯《すずり》箱があった。

茅野和助は、また寝間に戻ってきて、墨をすり、

「浅野内匠頭家来、大石内蔵助始《はじめ》若もの（者）共四十七人《しじゅうしち》、此所迄《このところまで》押込《おしこみ》候《そうろう》所《ところ》、
上野介殿此所に不被成御座《ござなされず》候《そうろう》」
と、わきの壁紙へ大文字に書きつけておいた。（『江赤見聞記』より）

――近隣の侍たちは、敵討《かたきう》ちと聞いて高提灯を増やしているんですね。

ええ、敵討ちと知ってかまうのをやめただけでなく、表立って浪士に味方することはできませんが、高提灯で明るくすることによって、浪士たちが戦いやすいようにしてあげたんですね。それに対して礼を言う片岡たちにも、武士の心意気を感じます。ここは、討ち入りの中でも、感動する場面ですね。

――屋敷の中は暗くなかったんですか？

最初はそうだったんですが、たまたまウロウロしていた吉良邸のろうそく・お菓子の役

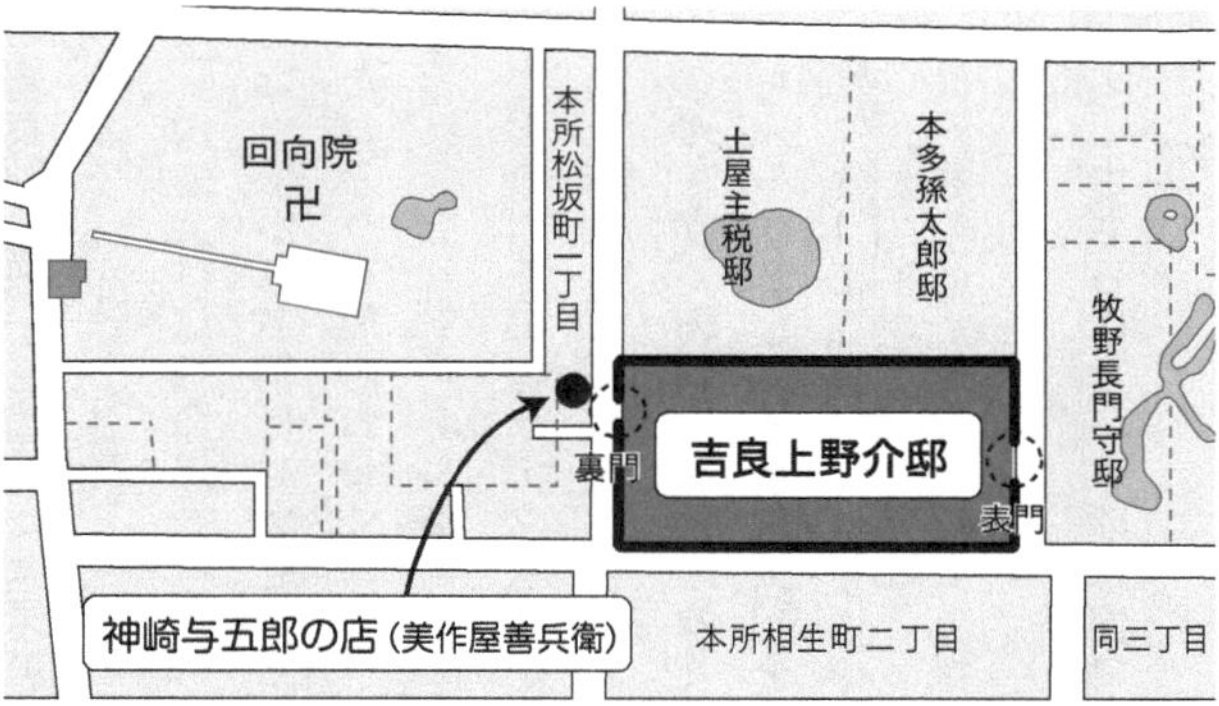

◎吉良邸周囲の家

人がつかまって、ろうそくを出させられたんです。お菓子も出すように言われて、浪士たちは、お菓子をつまみながら戦ったらしいです。

――それはまたずいぶん余裕がありますね（笑）。赤穂浪士たちが一方的に斬りつけていたんですか？負傷者はいなかったんですか？

いえ、表門を越したとき、原惣《はらそう》右衛《え》門《もん》が足を滑らせて下に落ち、ねんざしています。近松勘六《ちかまつかんろく》は、庭で戦っていて池に落ちたときに、相手の刀が太股《ふともも》に深く突き刺さって、重傷を負っています。といっても、おもな怪我はこのくらいでしょうか。かすり傷なんかはあったとは思いますが。

それから、米沢藩上杉家の家来が、討ち入り直後の吉良邸の様子を書いた『米沢塩井家覚書《よねざわしおいけおぼえがき》』という史料には、浪士たちは「着込《きごみ》」を着ていたので、「衝《つい》ても討《うつ》ても、きれ通りも致さず」という吉良側の家臣の証言が残っています。鎗で突けば致命傷を与えられたかもしれませんが、火事だと思ってあわてて出ていっていますから武器はせいぜい刀で、それですと斬っても、肉まで断ち斬ることはできなかっただろうと思われます。

それでも、ずいぶん奮戦した者もいたようです。『江赤見聞記』では、広間で6人、台所でひとり、そのほかで2人ばかりが大いに奮戦したと書いてあります。

浪士側でいちばんの働きをしたのは、不破数右衛門《ふわかずえもん》です。数右衛門は長屋防ぎ担当だったのですが、だれも出てこなくなったので、屋敷内に斬り込みます。若い者たちが屋内に討ち入ろうとして臆した気配を見せたときには、しかりつけて中に討ち入ったといいます。

数右衛門は、4〜5人ほども斬ったらしいですが、斬り合いで、かれの刀は「ささら」のようになったといっています。

――「ささら」というのは何ですか？

段をつけてきざむことで、刀がひどく刃こぼれしてぎざぎざになっていたということです。それに、刀だけでなく、小手《こて》や着物のそでもずいぶん切り裂かれていた。堀部安兵衛の刀もずいぶん刃こぼれしていたらしいです。

――やはり忠臣蔵といえば、堀部安兵衛ですよね。不破数右衛門は突然、出てきた印象ですが……。

不破数右衛門は、江戸で辻斬《つじぎ》りを働いていた、といううわさもあるような乱暴な性格で、赤穂に返されても乱暴はやまず、主君内匠頭の機嫌を損じて浪人していた人物です。浅野家断絶後、ぜひ、討ち入りの仲間に加わりたいと願って、浅野の一周忌《いっしゅうき》に許されて、盟約に加わったようです。こういう、人を斬るのに慣れた武士がいたというのも、討ち入りには力になっただろうと思います。

元禄時代は、世の中が平和にはなっていましたけど、まだ武士の気風は荒々しい面が残っていました。当時、こういう人のことを「かぶき者」と呼んでいました。「かぶき者」は、幕府や藩の秩序には従わない無頼《ぶらい》の者ではありますが、武士の理想の姿でもあったんです。

当時の武士社会は、武士に、秩序に服することと同時に、「かぶき者」的な武士の気風を示すことの両方を要求していました。だから、武士の生き方はむずかしいんですね。

――むずかしい、というのは？

たとえば、赤穂浪士の討ち入りは、幕府の裁定に反することです。だから、討ち入りに参加しないほうが、幕府の裁定に従った正しい態度ということになります。

でも、討ち入りが成功したあとは、話はそうかんたんじゃない。討ち入りに参加した者たちは、切腹にはなるけど絶賛されて、参加しなかった者たちは、世間から後ろ指をさされることになるからです。

だから、討ち入りに参加しなかった者の中には、自殺した者もいると言いますし、多くの者は名前を変えてひっそりと生きたようです。

――それはたしかにむずかしいところですね。

吉良邸には、たしか吉良の孫……だけど子どもの左兵衛義周《さひょうえよしちか》がいたはずですよね？（43

ですか？

ページ）　左兵衛は討ち入りのとき、どうしていたんでしょうか。まだ若かったんじゃないですか？

18歳だったようです。立派に、長刀《なぎなた》を持って奮戦しました。『米沢塩井家覚書』に収録されている「野本忠左衛門書面之写《のもとちゆうざえもんしょめんのうつし》」によると、額と腰から背中にかけて重傷を負っています。背中の傷が深くて気を失い、気づいて上野介の安否を心配して寝間に行ったところ、もう討たれているようだったので、力を落とし、その場に倒れたらしいです。

左兵衛の働きは、武士にふさわしい奮戦だといっていいと思います。額と背中に傷があったということは、前後から攻撃されたんでしょうから、やられてもしかたがないでしょう。

――ところで、上野介を捜しているときに、茅野和助が、壁にわざわざ文字を書きつけていましたが、それはなぜですか？

おそらく、上野介を見つけられなかったときのために、自分たちはここまでやったんだという証拠を残そうとしたんじゃないかと思います。討ち入りが失敗しても、逃げたということで、上野介は恥をかくことになりますから。

——なるほど。そうとられるわけですね。武士の世界で生きるのは本当にたいへんですね（笑）。

3　吉良上野介の首

いろいろと探索したけれども、吉良上野介の姿はどこにもなかった。

大石内蔵助は、みなに向かって言った。

「これほど苦心して討ち入った甲斐もなく、上野介を討ち漏らしたのでは詮《せん》なき事である。いざいっしょに自害仕《つかまつ》ろう。さりながら、死ぬことは易《やす》きことである。いま一度、捜してみよ」

そこで、広間、書院、対面所、鎗の間、いろりの間、小座敷、納戸《なんど》、台所、二階廊下、そのほか残すところもなく、松明《たいまつ》、提灯をかざして捜してみたけれども、どこにもいない。

一同が途方に暮れていたとき、ふと台所の裏に物置のような部屋があるのに気づいた。

ここを捜してみようとしたところ、中から何者かが斬って出た。それを堀部安兵衛が一刀のもとに斬り捨て、次に出てきた者を、矢田五郎右衛門《やだごろうえもん》が討ちとめた。中をのぞいて見ると、もうひとりいるように見える。

鎗を入れてみたところ、人が出てきたので、武林唯七《たけばやしただしち》が十文字鎗で突いた。するとその者が脇差《わきざし》を抜いてかかってきたので、間十次郎が斬りとめた。

なんとなく予感がするので、松明を近づけて顔を見たところ、四方髪《しほうはつ》（総髪《そうはつ》）の老人で、着ているものは白小袖《こそで》だった。

もしやこれが上野介ではと、堀部弥兵衛と富森助右衛門が傷跡を見たところ、額の傷はこのときついた傷と区別がつかなかったが、たしかに背中に傷があった。

そこで間十次郎に首を揚《あ》げさせ、先刻捕らえておいた敵方の足軽にその首を見せ、詰問した。

「上野介ではないか。本当のことを言わなければひと討ちにするぞ」

「命さえお助け下されば申します。たしかに上野介の首でございます」

その場にいた者は、歓喜の声をあげた。

ついに仇《かたき》を討ったのである。

かねて合図の呼子笛《よびこぶえ》が吹かれ、屋敷内の各所にいた討ち入りの者たちが集まってきた。
玄関前で人数を改めたところ、ひとりも討たれた者はなかった。
（『江赤見聞記』より）

——浪士たちは、四方髪《しほうはつ》とか白小袖《こそで》で上野介だと判断していますが、間違いはないんですか？

四方髪というのは総髪のことで、男の人の髪の結い方のことですね。よく時代劇などで、医者が髪を伸ばして後ろで束ねているあれです。もう隠居していますから、髷を結っていませんでした。白小袖は、模様や色のついていない白い絹の着物ですから、寝間着にしていたんでしょう。髪型といい、高価な絹の着物といい、上野介に間違いはないでしょう。

——やっぱり上野介も武士だけあって、最後まで戦っているんですね。

はい、「小脇差を抜いて抵抗しようとした」というのは、『江赤見聞記』巻四の「富森助右衛門口上書《とみのもりすけえもんこうじょうしょ》」や巻五の原惣右衛門の覚書など、みなそう書いています。

しかし、宮澤誠一さん（139ページ）は、不破数右衛門の手紙を引いて、実際には上野介は数人にたたき殺されていたんだけど、それは残酷だからこのように飾って書いたんじゃないかとしています。『江赤見聞記』巻五の原の供述では、間十次郎が鎗で突いたことになっているんですが、巻四の富森、巻六の大石の供述では武林唯七が突いたとしています。

――それじゃあ、だれが本当に上野介を討ったかわからないんですか？

いちばん本当らしいのは、引き揚げるとき、間十次郎が上野介の首を揚げたことを自慢げに言ったら、武林唯七が、

「私が突き殺した死人の首を取ったのは、大したことではない。このようなことは、後日に批判もあることだから申し置くのである。証人になってほしい」

と十次郎の前で言ったという証言が巻四の中にあることです。これらを総合的に判断すると、本当は、上野介を絶命させたのは武林唯七だったと考えるのが妥当だと思います。ただし、内蔵助は、泉岳寺で十次郎にいちばんに焼香させ、二番目に自分が、そのあとはかつての席次の順（199ページ）に焼香させたらしいんです。内蔵助は、実際に首を揚げた十次郎の功績がいちばんだと認定したんでしょう。

それにしても、浪士たちはみんな切腹と思い定めているのに、それと武士の功名とは別だというのがおもしろいですね。唯七は、たとえこのあとすぐ死ぬことになっても、自分の功名が、後世に正しく伝わってほしかったんだと思います。

——しかし、四十七士《しじゅうしちし》はひとりも討たれなかったというのはすごいですね。吉良家のほうの状況はどうだったんですか？　かなり斬られていた印象ですが。

討ち死にが16人で、うち11人の刀には血がついていたらしいです。負傷者は21人で、重傷者は4人でした。そのほか、12人が「欠落《かけおち》」、つまり、逃げ出しています。

——吉良側は、かなりやられていますね。でも、たしか吉良家には、上杉家からつけられた清水一学《しみずいちがく》という剣の達人がいませんでしたか？　この人はどうしたんですか？

たしかに清水一学という人がいて、台所で討ち死にしています。でも、この人は用人で、上杉家の付き人は家老の小林平八郎です。時代劇ではよく、清水一学に活躍させているんですが、小林平八郎ととり違えているという説もありますね。

『江赤見聞記』では、小林平八郎が鎗をふるってずいぶんと働き、ほかにも広間で6人、台所で1人、そのほか2人ほどが「強く働いた」としています。

だから、もしかするとその台所で戦った者が清水一学かもしれませんが、かれは40歳ですから、どちらかといえば、フィクションなんじゃないかと思います。

でも、吉良側にも、近松勘六に重傷を負わせた山吉新八郎《やまよししんはちろう》のような武士もいました。

——それでも四十七士たちにはかなわなかったんですね。

ところで、討ち入りのあとに逃げた人がいましたよね？　なにか役目があって、その場から離れるように言われた、とか……。

討ち死に(16人＊)

場所	名前	役職
馬屋前	半右衛門	表門番
小玄関前	鈴木正竹	坊主
	(中間二人)	台所役人
玄関	新貝弥七郎(40)	近習
	左右田源八(40)	中小姓
	小塩源五郎(22)	料理番
小門口	斎藤清左衛門	左兵衛中小姓
小屋出口	杉松三左衛門(36)	近習右筆
	牧野春斎	坊主
南書院前	小林平八郎	家老・上杉家付人
南書院次	須藤与一右衛門	取次
書院次	笠原長右衛門(25)	右筆
台所口	大須賀治部右衛門(30)	上野介用人
	清水一学(40)	上野介用人
	榊原平右衛門(50)	役人
座敷庭	鳥井利右衛門(60)	用人

手《て》　負《おい》(21人＊)

負った傷	名前	役職
中傷二カ所	松原多中(40)	家老
重傷数カ所	清水団右衛門	取次
重傷三カ所鎗傷	斎藤十郎兵衛(25)	取次
中傷二カ所	山吉新八郎	近習
中傷三カ所	宮石所左衛門(50)	用人
重傷	宮石新兵衛	近習中小姓
かすり傷	加藤太右衛門(53)	中小姓
顔に三カ所刀傷	永松九兵衛(23)	近習
—	石川彦右衛門	中小姓
—	大河内六郎右衛門	足軽表門小頭門番
重傷	天野貞之丞(34)	中小姓
—	堀江勘右衛門(35)	中小姓
かすり傷	伊藤喜左衛門(23)	中小姓
—	杉山与五右衛門	中小姓
—	森半左衛門	足軽
—	岩田源三兵衛	足軽
—	兵左衛門	中間(三の下番)
—	八太夫	中間(駕の者)
—	茂右衛門	中間(馬屋の者)

＊合計の数字は史料のまま。

(『江赤見聞記』巻四より。カッコ内は年齢)

◎吉良邸の死傷者一覧

寺坂吉右衛門《てらさかきちえもん》のことですね。寺坂は、吉田忠左衛門の家来で、組足軽に取り立てられた身分の低い者です。浅野内匠頭の家来ではありません。おそらく、もともとは百姓で、忠左衛門が足軽頭になったことから、忠左衛門の足軽から、藩直属の足軽に昇格したんだと思います。

かれは、のちに『寺坂信行筆記《てらさかのぶゆきひっき》』という覚書を残しています。それに、

「私儀《わたくしぎ》も上野介殿御屋敷へ一同押し込み相働《あいはたら》き、引き払いの時、子細《しさい》候《そうらい》て引き別れ申し候」

と書いています。事情があってその場を逃れたとしているんです。

しかし、忠左衛門は、討ち入り後の預け先だった細川家で寺坂のことを聞かれたとき、

「この者は不届者《ふとどきもの》だ。二度と名前を聞きたくない」

と言っていますから、単に逃げただけかもしれません。もともと武士ではないので、逃げてもかまわないようなものですが、忠左衛門としては、「不届者」ということにして、命を助けてやろう、といった気持ちがあったのかもしれませんね。

たとえ逃げたのだとしても、寺坂にしてみれば、自分の主人である忠左衛門が苦労しているときには、ずっと側を離れず働いていたわけですから、討ち入りが成功して役目が終わったと思ったとしても、それはそれでしかたがないかもしれません。

討ち入りは大成功だったわけですが、内蔵助たちは、こんなにうまくいくと思っていたわけではありません。何人かは討ち死にすることを覚悟していたようです。内蔵助も、竹に、

「浅野《あさの》内匠頭《たくみのかみ》家来《けらい》大石内蔵助《おおいしくらのすけ》」

という名札を刺し、裏に「十二月十四日討死《うちじに》」と書いたものを残しています。これは、『米沢塩井家覚書』にある話なんですが、『寺坂私記』にも、寺坂の主人の忠左衛門が上着のそでの外に、

吉良邸跡の碑（両国３丁目）

「吉田《よしだ》忠左衛門《ちゅうざえもん》兼亮《かねすけ》」

と書きつけ、短冊に辞世《じせい》を書いて、甲《かぶと》の裏につけていたと書いています。

君が為、おもひぞつもる　白雪を
ちらすは今朝の　峯の松風
──主君のため、という思いが積もった松の枝に積もる白雪を、散らすのは、今朝峯から松に吹き降ろす風（松風）である

という句です。松風とは自分たちのことで、決意の気持ちがよくわかりますね。

4　泉岳寺引き揚げ

寺坂吉右衛門を除く46人の義士たちは、泉岳寺へ引き取り、吉良上野介の首を主君の墓前に供え、その後切腹しようと申し合わせた。

上野介の首は、小袖の袖に包み、鎗の柄にくくりつけた。引き揚げたあとで出火などしてはと、もう一度屋敷内に入り、松明などは水で湿し、それから裏門を出て近所の無縁寺（両国回向院《えこういん》）へ向かった。時刻は、寅の下刻（午前5時半ごろ）になっていた。

無縁寺で少し休息をとるつもりだったのだが、無縁寺には、

「寺法で、暮れ六ツから明け六ツまで（日の入りから日の出まで）、旦那（檀家）と亡者（死人）のほかは入れることができない」

と断られた。

そこで、両国橋詰めまで行って、ここで上杉家の討手《うって》を待ったが、その気配も

なく、そろそろ夜も明けてきた。

一同は、隅田川沿いを南下して新大橋《しんおおはし》（現、永代橋《えいたいばし》）を渡り、鉄炮洲《てっぽうず》の旧赤穂藩上屋《かみや》敷《しき》前を通り、木挽町《こびきちょう》から汐留橋へ出、芝の泉岳寺へ向かった。門を乗り越えるとき足をくじいた原惣右衛門と、重傷を負った近松勘六は、駕籠《かご》を雇っていった。

途中、吉田忠左衛門と富森助右衛門は、一同から別れ、愛宕《あたご》下の大目《おおめ》付《つけ》仙石伯《せんごくほう》耆守《きのかみ》久尚《ひさなお》屋敷（現在、港区虎ノ門2丁目）へ行き、姓名を名乗り、

「拙者《せっしゃ》共は、浅野内匠頭家来の浪人でございます。かねてご存じの通り、吉良上野介殿は亡主内匠頭の敵でございますので、上野介宅へ昨夜推参《すいさん》仕《つかまつ》り、本望を遂げました。上野介殿の御首は、一味の者が持参し、唯今《ただいま》泉岳寺へ引き取っております」

と注進した。

朝五ツ過ぎ（午前8時過ぎ）、44人の者たちは、泉岳寺へ到着した。

血のついた鎗や野太刀《のだち》を持った者たちを見て、泉岳寺の僧侶たちは大騒ぎとなった。

一同は、口々に述べた。

「浅野内匠頭家来、今朝、亡主の敵吉良上野介殿を討ち取り、これまで参りました。しかしながら、いずれも命を助かりたいためではありません。もちろん、寺へ狼藉を働くつもりもございません。唯《ただ》、上野介殿の首を墓所へ供えたいというだけのことです。それが済むまでは、御門を差し固めてください」

そして、内匠頭の墓所へ行き、借りた香炉に抹香《まっこう》（シキミの葉や皮で作った香）を焚《た》き、墓所の手桶《ておけ》に水をくんで上野介の首を洗い、内匠頭の石塔の二段目に供えた。

その後、大石内蔵助が吉良邸に討ち入り、上野介の首を取ったことを披露し、銘々が自分の姓名を名乗った。

そして、その後、一同は声を上げて泣き叫んだ。

（『江赤見聞記』より）

――午前4時半に討ち入りに出発して、午前5時半ごろに回向院《えこういん》に向かったということは、上野介の首を取るのに、1時間くらいしかかからなかったということですね。

（『赤穂義人纂書』第二より作成）

◎「夜討の翌朝芝邊にて見懸けたる義人之図」

そうですね。意外と短時間で結着がついています。その後、吉良邸から泉岳寺までは2時間ちょっとかかっています。じつは私も、一度通して歩いてみようと思っているんですが、なかなか機会がないですね（笑）。浪士たちが、泉岳寺まで向かっているところを目撃されて、そのイラストも残っています。

――回向院は、どうして浪士たちを受け入れてくれなかったんですか。

やっぱりいざこざに巻き込まれるのが嫌だったんでしょう。ここで休息をとれ

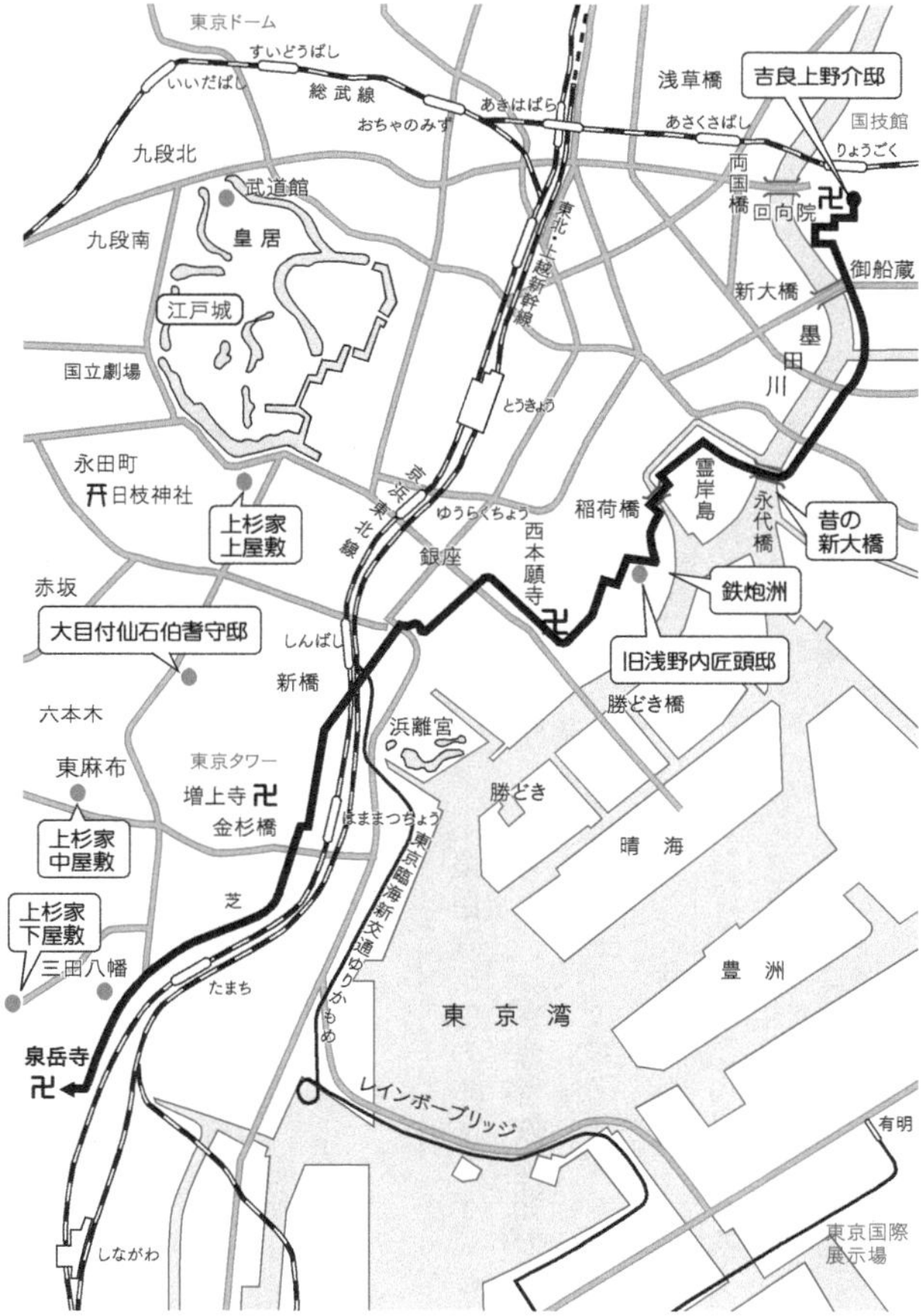
吉良上野介邸
回向院
御船蔵
墨田川
昔の新大橋
鉄炮洲
旧浅野内匠頭邸
上杉家上屋敷
大目付仙石伯耆守邸
上杉家中屋敷
上杉家下屋敷
泉岳寺
江戸城
皇居
東京湾

◎泉岳寺までの道のり

回向院

なかった内蔵助たちは、両国橋東詰めのところで、上杉家の討手《うつて》をしばらく待っています。歩いているところを攻撃されたらひとたまりもないですから、ここで少し休んで態勢を立て直そうとしたんでしょう。

——泉岳寺までのルートを見ると、内蔵助たちは、わざわざ鉄炮洲《てっぽうず》の旧赤穂藩上《かみ》屋敷《やしき》前を通って向かっていますね。

ええ。御家お取り潰《つぶ》しになって、上屋敷も幕府に返却していますから、そのときにはもうほかの大名の屋敷になってはいましたが、主君のかつての家にあいさ

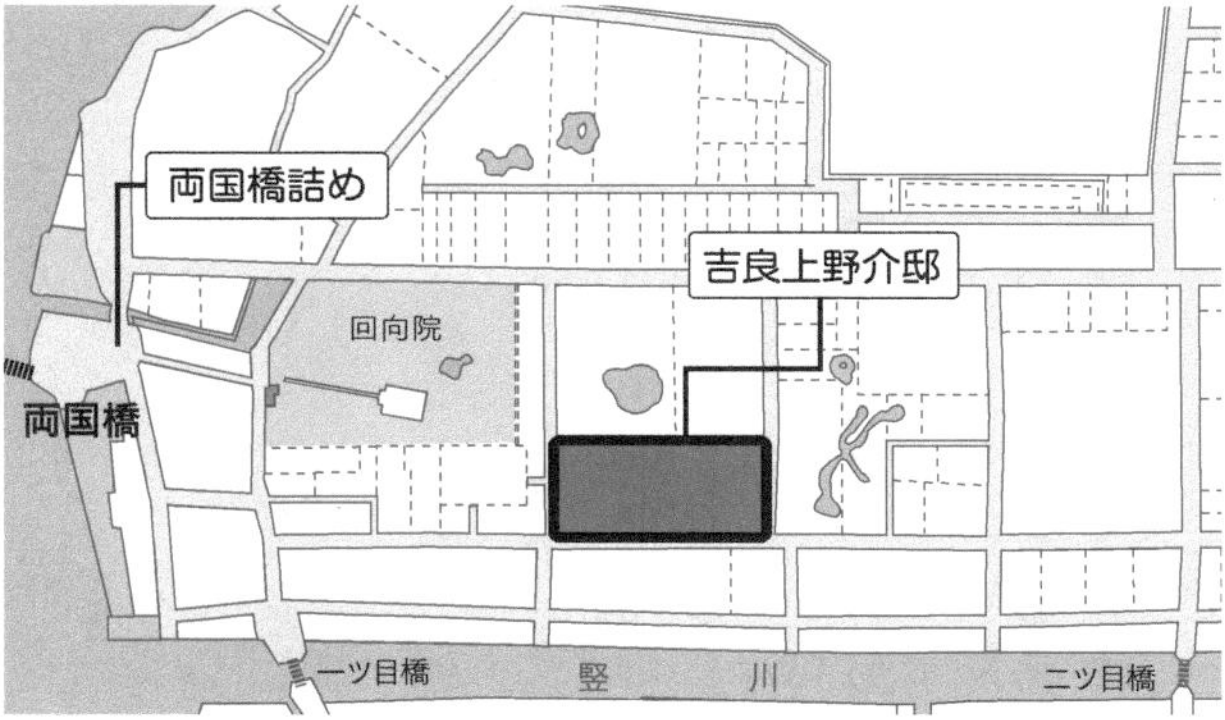

◎吉良邸から両国橋までの地図

つしておきたかったんでしょう。

この屋敷の前で、吉良の首を鎗の先に刺して、

「浅野家浪人」と名乗り、

「今晩御怨敵《おんてき》の上野殿を討ち取り、泉岳寺へ
引き退《の》き居ります」

と口上を述べたそうです（『米沢塩井家覚書』）。いまここは、聖路加国際大学になっていますが（47ページ）、碑が残っています。

——そして、泉岳寺で主君浅野の墓前に吉良の首を供えるわけですね。

内蔵助は、泉岳寺に着いたとき、住持に、「私

共は切腹仕りますので、お心得ください」と断っています。でも、住持は、

「いま少しお待ちください。御切腹はいつでもできますので、すぐになさることはありませんし、当寺のことをお考えになっていただけるのでしたら、お待ちください」

と止めています。寺にしてみれば、44人もの者に切腹されたんでは、どうしようもないですから、幕府の指示を待ってくれ、ということだったんだと思います。

内蔵助にしても、忠左衛門らを遣わして幕府大目付に報告していますから、幕府の指示を待ってもよい、ということだったんでしょう。

――内蔵助は、どうして大目付に報告させたんですか？

それは、自分たちの真意を幕府に伝えておきたかったんでしょう。討ち入りが主君の仇《あだ》討《う》ちで、幕府に対する反逆ではないというようなことをね。

――たしかに、主君の仇討ちと幕府への反逆ではまったく違いますね。吉良の息子は上杉家に養子にいっていましたが、上杉家はどうしていたんですか？

上杉家の上屋敷には、吉良邸の近くの豆腐屋が騒ぎを知らせにいっています。それに続いて、左兵衛の家来のうちのひとりが屋敷を抜け出して、注進しています（上杉家の上・中・下屋敷地図は２３５ページ）。これでようやく一大事ということになりますが、討ち入りが大人数で行なわれたと誤解したため、桜田の上屋敷の人数だけでは足りず、麻布の中《なか》屋敷《やしき》の人数を呼んでから駆けつけようとしているうちに無駄に時間がたち、結局、人数が出せなかったんです。

浪士たちは、「火事だ、火事だ！」と大声で騒ぎ立てながら討ち入りましたから、２００人ぐらいもいたように誤解されたようです。

――そうすると、すぐに出馬しようとした綱憲を家老が止めた、という話は創作ですか？

それは、「忠臣蔵」のハイライトのひとつですね。昔は千坂兵部《ちさかひょうぶ》だといわれていましたが、当時の江戸家老は色部《いろべ》又四郎《またしろう》でした。上杉家は幕府ににらまれているから、出馬して幕府に取り潰しされることを避けようとしたという話ですね。でも、それはうがちすぎだと思います。

藩主の上杉綱憲《つなのり》は病気でしたが、吉良は実の父親ですし、左兵衛は自分の次男なわけですから、馬廻の武士をすぐに遣わして父と子を助けようとしています。

しかし、『上杉家年譜《うえすぎけねんぷ》』によると、高家《こうけ》の畠山下総守義寧《はたけやましもうさのかみよしやす》が桜田上屋敷にやってきて、

「定めて討手を差し向けられようとされていると思いますが、いまは静謐《せいひつ》の世ですから、江戸で騒動におよぶことはもったいないことです。凶徒の奴原《やつばら》（やつども）は公儀《こうぎ》（幕府）が不日《ふじつ》（すぐ）に御成敗《ごせいばい》されるでしょう。御老中《ごろうじゅう》は、討手を差し向けることを固く止めよとのことでした」

と老中の命令を伝えたそうです。こういうふうに言われてしまうと、なかなか軍勢を差し向けるのはむずかしいでしょうね。それ以前なら、実の父親の屋敷が討ち入りされているんですから、すぐに軍勢を差し向けたとしても、問題にはなりようがないと思います。

むしろ誉《ほ》められていいことです。実際、浪士たちも、泉岳寺で、必ず上杉家がやってくると考えています。

上杉家が心配したのは、野口武彦さん（116ページ）がいうように、むしろ援軍を遣わして返り討ちにあったとしたら、それは恥だから、慎重を期そうとしたということなんだと思います。

江戸屋敷（上屋敷）には、それほど家臣がいませんから、もし相手が100人以上もいたとしたら、あわてて50、60人の家臣を派遣しても、負ける可能性がある。それじゃあ恥の上塗りになるから、時間がかかったんだと思います。家老に腰のすわった者がいなかったんでしょう。

内蔵助は、浅野の墓前に吉良の首を供えたあと、もう不用だからと吉良の首を住持に渡しています。そうすれば、供養もしてもらえますから。

――討ち取っても、供養してもらえるように配慮したんですか。大石とはさすがの人物ですね。

浅野内匠頭の墓（泉岳寺）

そうですね。住持は、その首を仏前に納めます。

その後、吉良邸から、斎藤宮内《さいとうくない》と左右田《そうだ》孫兵衛《まごびょうえ》という者が使いに来て、首を受け取って帰りました。泉岳寺の宝物館には、そのときの「首請け取り状」が残っています。

第7章　赤穂四十六士の切腹

～その後の赤穂浪士たち

1　四家に預けられた赤穂浪士たち

泉岳寺《せんがくじ》では、大石内蔵助《おおいしくらのすけ》父子や老人たちを寺に、若い者は衆寮《しゆうりよう》（一般僧侶の宿舎）に置き、粥《かゆ》を出し、茶を饗《きよう》した。

みな働き通しだったため、一同は、粥をたくさん食べた。

さらに風呂を用意させたが、浪士たちは、

「討手《うつて》がいまにも来るかもしれない。風呂どころではない」

と断った。

上杉家の軍勢が押し寄せてくるのではないかと、心配していたのである。

寺では、浪士たちを幕府に引き渡す必要があり、点呼したところ寺坂吉右衛門《てらさかきちえもん》がいないことに気がついた。

一方、吉田忠左衛門《よしだちゆうざえもん》・富森助右衛門《とみのもりすけえもん》の訪問を受けた大目付仙石伯耆守久尚《おおめつけせんごくほうきのかみひさなお》は、朝、月番老中《ろうじゅう》の稲葉《いなば》丹後守正通《たんごのかみまさみち》に報告し、ともに登城した。
幕府は、47人の者たちをとりあえず
細川越中守綱利《ほそかわえつちゅうのかみつなとし》（肥後《ひご》国熊本藩）
松平隠岐守久定《まつだいらおきのかみひささだ》（伊予《いよ》国松山藩）
毛利甲斐守綱元《もうりかいのかみつなもと》（長門《ながと》国長府藩主）
水野監物忠之《みずのけんもつただゆき》（三河《みかわ》国岡崎藩）
の4人に預けることにし、泉岳寺へ受け取りに行くよう命じた。

大藩であった細川家に大石内蔵助・吉田忠左衛門ら17人、松平家へは大石《おおいし》主税《ちから》・堀部安兵衛《ほりべやすびょうえ》ら10人、毛利家へ10人、水野家へも10人という指示だったが、寺坂がいなくなっていたため9人となった。

最初、泉岳寺で受け取るはずであったが、浪士たちは仙石家の屋敷に移され、四家はおおげさな軍勢を率いて仙石家へ浪士の受け取りに行った。

四家では、幕府の意向を伺いながらも、浪士たちを丁重に遇した。

討ち入りに対して世間は歓呼の声をあげ、諸大名の中には幕府へ助命の嘆願をする者もいた。
（『白明話録』『細川家御預始末記』『久松赤穂御預人始末記』『水野家御預記録』より）

——泉岳寺《せんがくじ》の住持は、ずいぶん浪士たちに好意的ですね。

そうですね。浪士たちに粥《かゆ》を振る舞ったあと、「当寺は禁酒だけれども、今朝はことに寒いし、特別な日ですから」と酒まで出してくれています。大石内蔵助《くらのすけ》は、とりあえず断ったけれど、ぜひにといわれて、みんなで酒宴に興じています。

酒宴の給仕の者が、「上野介《こうづけのすけ》様御父子様のお働きはいかが」と聞いたとき、大石は、次のように答えています。

「御父子様はずいぶん見事なる御働きでございました。そのほか、御家来衆も、恥ずかしくない働きがありました」

武士として、相手を思いやり、相手の働きを称えることを忘れていないところがすがすがしいですね。上野介は、憎い敵ではありましたが、戦いが終われば、相手の戦いを称えるというのが武士の礼儀なんですね。それに、内蔵助は、左兵衛は当然ですが上野介に対しても私怨《しえん》があるわけじゃありません。亡君の恨みを晴らすというより、武士の筋を通したというのが、討ち入りの本質なんじゃないかと思います。

――寺坂がいなくなったことに、泉岳寺で点呼するまでだれも気がつかなかったんですね。

そうなんです。途中で2人、大目付《おおめつけ》のところに行くため抜けたので、ずっと45人だと思っていたようです。内蔵助もそう住持に伝えたんですが、実際に点呼してみたらいなかったようです。

――それは驚いたでしょうね。それで、忠左衛門が「不届き者だ。二度と名前を聞きたくない」といったわけですね。しかし、世間の討ち入りに対しての評判は、よかったんですね。

ええ、江戸中、討ち入りが大評判になって、さまざまなうわさ話が流れていたようです。細川家で預人の担当だった堀内伝右衛門《ほりうちでんえもん》という者が、駕籠《かご》に乗ったところ、駕籠かきが、

「46人の衆は、男振りのそろった大男で、とりわけ大石主税《おおいしちから》殿という方は、若いのに大男・大力で、その夜も大長刀《おおなぎなた》をふるって弁慶にも勝る働きだったと聞いておりま
す」

と話しかけてきたといいます。江戸の町では、46人は英雄だったんでしょう。討ち入りの報告を受けた筆頭老中《ろうじゅう》の阿部《あべ》豊後守正武《ぶんごのかみまさたけ》は、老中の会議で、「このような節義の武士が出たのは、まさに国家の慶事である」と賞賛したといいます。老中の中には、感動して泣く者もいたそうです。

——そこまで賞賛されるのなら、浪士たちを処罰しなくてもよかったのでは、と思ってしまいますね。

そうですね。討ち入りしてから処分が決まるまで1カ月半もかかっていますので、かなり迷ったことはたしかだと思います。主君の浅野内匠頭は、大名でありながら、即日切腹だったわけですから。

よく使われる史料に、『評定所一座存寄書《ひょうじょうしょいちざぞんじよりがき》』というのがあります。評定所は、老中の諮問《しもん》機関のようなもので、これは、その構成員である寺社奉行《じしゃぶぎょう》・大目付・町奉行・勘定奉行が連名で提出した意見書です。

12月23日付で、これを見ると、

1　吉良左兵衛《きらさひょうえ》は、弁解のしようもない行動なので切腹

2　吉良上野介の家来で、戦いもしなかった者は斬罪《ざんざい》

3　上杉綱憲《うえすぎつなのり》父子は、浪士たちをそのままにしていたので処分を命じる。領地を召し上げてもよい

4　内匠頭家来は、お預けのままにしておき、後日処分を決める

ということが書いてあります。浪士たちについては意見が分かれています。忠義の武士だと賞賛する者と、真実の忠義ではないとする者がいたようです。

また、46人がいっしょに討ち入りしたことについては、幕府が禁じる「徒党」にあたるという意見と、やむをえないケースだし、赤穂《あこう》城は素直に渡したのだから「徒党」にはあたらない、という意見があったといいます。

――上杉家の領地召し上げが議論されるとは、ちょっとえん罪なんじゃないかという気がしますね。

ええ、それが問題なところです。老中は、畠山義寧《はたけやまよしやす》を上杉邸に遣わして（240ページ）、処置は幕府に任せるようにと命令しているわけですから、そういう命令をしておいて、幕閣からこんな意見が出るはずがありません。思想史研究の第一人者で東京大学名誉教授の尾藤正英さんが、「偽書」ではないかと推測していますが、私もそう思います。

――当の五代将軍徳川綱吉《とくがわつなよし》はどう考えていたんでしょうか？　自分の評定が間違っていた

といわれたことになるわけですよね？　何か史料は残っていないんでしょうか？

綱吉は、幕府の学問を司った儒学者の林大学頭信篤《はやしだいがくのかみのぶあつ》に、次のように聞いています。

「浪士たちの行動は、私心から出るものではなく、やむをえない気持ちからなしたものだ。もし、主君の復讐《ふくしゅう》を許さないというのであれば、『君父（主君と父）の仇《かたき》はともに天を戴かず』という古典の言葉にももとり、忠臣や孝子の心を傷つけることになる。浪士たちを誅《ちゅう》する（悪人を殺す）のは、法として適切なことなのだろうか」

しかし、林は、次のように答えたといいます。

「かれらは、亡君の遺志を継いだものですが、天下の法を破ったことはまちがいありません。これは道理に背くもので、これを捕らえて誅することは、国家の法を明らかにするものです。法のために誅されることは、かれらの心においても後悔することはないでしょう」

つまり、法に背いた以上は誅するべきであるというんです。ただ、林も、かれらが亡君の遺志を継いだ忠臣である、ということは認めています。だから、武士の礼として切腹を命じるのがよいと考えたんでしょう。

幕府は、忠義だとか武士道だとかを大切にするわりには、そういう行動が幕府の秩序を乱すものだと、切腹を命じることが多いんです。切腹を命じられるほうも、切腹がある意味で名誉なことだから、それを喜んで受け入れますが、矛盾していますね。

側用人《そばようにん》（34ページ）の柳沢吉保《やなぎさわよしやす》に仕えていた儒者の荻生徂徠《おぎゅうそらい》は、

「浅野が吉良を殺そうとしたのであって、吉良が浅野を殺したわけではない。だから、吉良は浅野の仇ではない。浅野は、一時の怒りにかられて吉良を殺そうとして果たせなかった。これは不義である。浪士たちの行動は、主君の邪志を継いだものであって、義とはいいがたい」

というユニークな議論を展開しています。浪士たちの行動は、「浅野が切腹を命じられたことを逆恨みしたものだ」ということですね。これは、のちの儒学者たちの論争に大きな影響を与えることになります。でも、徂徠も、このようにいいながら、

「その志を推すに、また義と謂《い》ふべきのみ」
――その志を推測すれば、義といわざるをえないだろう。

と、46人の忠義の志は十分に認めています。やはり徂徠も、学者とはいえ、武士的な発想は強かったんだと思います。

五代将軍徳川綱吉は、元禄16年正月に、年賀に来た上野寛永寺（54ページ）の輪王寺門《りんのうじもん》跡公弁法親王《ぜきこうべんほっしんのう》に、助命を嘆願してほしいと思ったという話もあります。輪王寺門跡とは、日光にある輪王寺の住職（門跡）のことです。天台座主《ざす》（天台宗の最高位の僧）となって、日光と寛永寺を管しました。日光門主《もんす》ともいいます。

もし、最高の位にあるお坊さんが助命を嘆願してくれれば、法を守ったという建て前をくずさずに切腹を命じなくて済みますから。

でも、公弁法親王は、「46人を助けたいのはやまやまだけど、若い者が多いから、命を助

けてのちに将来を誤ることがあればよくない」と考えて助命しなかったといいます。

これは、『徳川実紀《とくがわじつき》』に書いてある話なんですが、本当のことかどうかはわかりません。綱吉は将軍なんですから、もし本当に助けたいと思えば、「忠義の武士だから命は助ける」と言えば、それで問題はなかったのではないかと思います。

しかしそうしなかったのは、幕府が、上杉家のことを考慮したからなんじゃないかと思います。もし46人を許したら、今度は上杉家の家臣が46人の者をつけねらうかもしれない。武士のメンツのためにです。それに46人の行動は、綱吉自身が決断した「浅野内匠頭の即日切腹」という処分を批判するものでしたから。

――処分が決まるまでの1カ月、浪士たちはどうしていたんですか?

熊本藩主細川綱利《ほそかわつなとし》は、15日の夜、内蔵助ら17人に直接会って、

「さてさて、おのおのの今日の仕方は、神妙である。ここに多くの警護の侍《さむらい》を差し置くにもおよばないのだが、公儀《こうぎ》（幕府）への手前、置いているだけだ」

と言い、そこにいた家臣には、

「みなみなはさように心得、用事があれば聞いてやるように」

と命じたといいます。藩主がこれほど浪士びいきでしたから、細川家では扱いも丁重で、連日、二汁五菜のご馳走《ちそう》ぜめだったそうです。おかずが5品もついて、そのうえ、昼にはお菓子、夜はお酒もふるまわれています。あまりの重い食事に音をあげて、内蔵助が、

「我々は浪人暮らしが長く、贅沢《ぜいたく》なものを食べつけていないので、玄米や鰯《いわし》のような軽い食事にしてほしい」

と願ったほどです。下屋敷《しもやしき》の広間二間を提供され、読みたいといえば、『平家物語』や『太平記』などの本も取り寄せたそうです。

――ずいぶんな好待遇ですね。ほかの預け先もこんな感じだったんですか？

いえ、毛利家と水野家の扱いはひどくて、世間の批判を浴びています。ただ、これはひどい扱いをしたというより、杓子定規《しゃくしじょうぎ》で、細かいことまで幕府に問い合わせていたからです。

たとえば、水野家でも、下屋敷の大書院へ浪士たちを置くつもりだったのですが、大目付の仙石久尚《せんごくひさなお》に問い合わせたところ、「軽い身分の者たちだから、長屋に置くべきである」と指示されて、明長屋《あきながや》（空いた長屋）を修理して浪士たちを入れ、外側の戸や障子をくぎで打ちつけてしまっています。ことさらに厳しくしたというよりは、融通がきかなかったというべきでしょう。ただそれも、そのうちにふつうの扱いになったようです。

岡島八十右衛門《おかじまやそえもん》や武林唯七《たけばやしただしち》ら10人が預けられた長府毛利家の屋敷は、現在のテレビ朝日の場所にあったのですが、いま、その周辺は森ビルによって六本木ヒルズが建設され、テレビ朝日の前の旧毛利邸の庭園は、「毛利庭園」としていこいの場となっています。なんでも、住民としてこのあたりを犬を連れて歩くのが一種のステータスらしいですね（笑）。

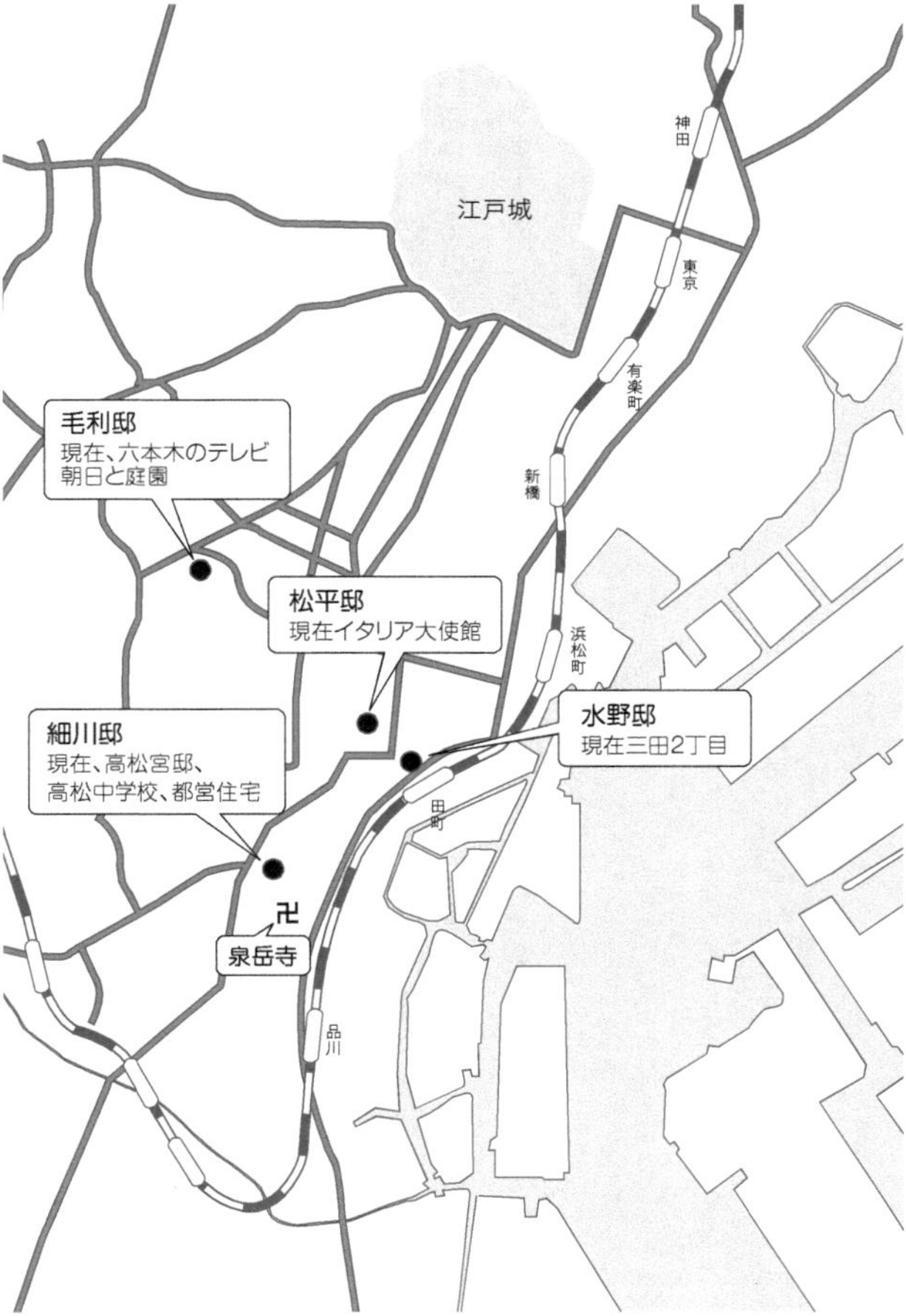

◎赤穂浪士を預けられた四家の屋敷があったところ

でもこのあたりは、以前は、テレビ朝日の庭でしたが、暗い雰囲気の場所でした。現在のものより少し広い池があって、その中央部に張り出した陸地には、赤穂浪士10人が切腹した地であることを示す碑が建っていました。その碑には、「義《ぎ》士《し》終《しゅう》焉《えん》軍《ぐん》神《しん》降《こう》世《せい》址《し》」と書かれていました。建立は昭和4年8月4日です。

でも、いま毛利庭園に行くと、池がきれいに整備され、碑は取り去られて、そこが赤穂浪士10人が切腹した地であることを示すものはなにもありません。昭和のはじめに建てられた碑ですから、赤穂事件当時のものではありませんが、流行のエリアだからといって、歴史の痕跡を消そうとするのはいかがなものでしょうか。少なくとも、この場所で赤穂浪士10人が切腹したことぐらいは明示しておいたほうがいいと思います。碑も残しておいたほうが、観光資産としても有益だったと思うんですが。

2　赤穂四十六士の切腹

元禄16年（1703）2月4日、幕府から浪士預かりの四家へ、老中奉書《ろうじゅうほうしょ》（命令書）が出された。

たとえば細川家に対しては、

「浅野内匠家来の御仕置《おしおき》が仰《おお》せ出されたので、大目付荒木十左衛門《あらきじゅうざえもん》と使番久永内記《つかいばんひさながないき》を差し越す」

という内容である。他の三家への老中奉書も検使の名が違うだけである。

検使が持参した将軍の命令は、次のようなものであった。

浅野内匠儀《あさのたくみぎ》、勅使御馳走《ちょくしごちそう》の御用仰せ付け置かれ、その上時節柄殿中《でんちゅう》を憚《はばか》らず、不届きの仕形《しかた》に付き、御仕置《おしおき》仰せ付けられ、吉良上野儀《きらこうづけぎ》、御構いなく差し置かれ候処《そうろうところ》、主人のあだを報じ候と申し立て、内匠家来四拾六人徒党致し、上野宅江《へ》押し込み、飛び道具など持参、上野を討ち候儀《そうろうぎ》、始末公儀を恐れず候段《そうろうだん》、重々《じゅうじゅう》不届きに候。これにより切腹申し付く者なり。

——浅野内匠は、勅使饗応役《きょうおうやく》の立場でありながら、時節柄や殿中をはばからず不届きなことを行なったので、切腹を命じ、吉良上野は御構いなしとしたところ、主人のあだを報じると主張して、内匠家来46人が徒党し、上野宅へ押し込み、飛び道具などまで持参し、上野を討ったことは、公儀を恐れない行動で、重々不届きである。これによって切腹を命じる。

幕府は、四十六士《しじゅうろくし》の行動を「徒党」と認定し、「重々不届き」であるから切腹に処すと命じたのである。

大石内蔵助は、

「どのように仰せ付けられるか計りがたいと存じておりましたところ、幸運にも切腹を命じていただいたこと、ありがたき仕合わせに存じ奉ります」

と御請《おうけ》（返答）した。

切腹の場は庭で、細川家の場合は大書院上《かみ》の間の前の庭だった。

三方に白布の幕を張った中に、畳が三畳敷かれた。その畳の上に「木綿の大風呂敷（布団）」が敷かれ、46人はその上で切腹した。切腹ののち、46人の遺骸《いがい》は泉岳寺へ送られ、浅野内匠頭の墓の横にあった竹藪《やぶ》を切り開いた場所に埋葬された。
また、46人の遺族は、16歳以上の男子は遠島《えんとう》に処せられ、それ以下の男子は親類に預けることにされた。
（『細川家御預始末記』『堀内伝右衛門覚書』より）

――幕府は、結局、46人の行動を「徒党」だと解釈したんですね。

ええ、「主人のあだを報じ候と申し立て」という文章のニュアンスは、「主人の仇《かたき》ではないのに、そのように主張した」ということですから、吉良は浅野の仇ではない、と幕府が考えていることを表しています。そうなると、46人の行動は、敵討《かたきう》ちではなく「徒党」になります。

細川邸では、いちばんに大石内蔵助が呼び出され、切腹しています。内蔵助が呼ばれる

と、潮田又之丞《うしおだまたのじょう》が、

「内蔵助殿、われわれもおっつけ参ります」

と声をかけたといいます。切腹の場所は、広間に面した庭で、畳が三畳敷いてあって、その上に木綿の大風呂敷が敷いてありました。この「風呂敷」というのは、「布団」ということもありますので、綿の入った薄いかけ布団のようなものだったと思われます。

切腹の手続きは、次のようになっています。

1　内蔵助が切腹の座に座る。

2　介錯人《かいしゃくにん》が左に立つ。

3　麻の裃《かみしも》を着た歩使番《かちつかいばん》が、三宝に小脇差《こわきざし》を載せて持ってきて、内蔵助の前に置く。

4　内蔵助が、小脇差をとって押し戴く。

5　すかさず介錯の者が首を落とす。

6　介錯の者が、その首のたぶさをつかんで検使（36ページ）に見せる。
7　検使がそれを確認する。
8　「内蔵助殿、首尾よく御仕廻《おしま》いなされ候」と声がかかる。
9　白屏風で検使から遺骸《いがい》を隠し、敷いていた大風呂敷で遺骸を包み、かたづける。

そしてその後、新しい大風呂敷を畳の上に敷いて、次の者を呼びます。畳は、血で汚れていたときだけ、新しいものに替えたようです。

――かなり厳密に決まっているんですね。「たぶさ」というのはどのあたりですか？

髪の毛を頭の上で束ねたところです。漢字では「髻」と書き、「もとどり」ともいいます。畳三畳を敷いたのは細川家だけで、ほかの三家では畳二畳でした。この畳の枚数は、身分によって違って、三畳というのは、最高の格式です。

内蔵助の辞世は、

あら楽《たのし》や　思いははるる　身は捨つる
浮世の月に　かかる雲なし
——ああ、愉快だ。思いは晴れて、身は捨てた
この世に出る月に、まったく雲がかかっていないような晴れやかな気持ちだ

です。思いを遂げた気持ちがよく表れていますね。ただ、この歌は、『江赤見聞記《こうせきけんぶんき》』や江戸の一向宗のお坊さんが書いた『介石記《かいせきき》』などに載っているもので、泉岳寺で詠んだといわれているんですが、じつは『白明話録《はくみようわろく》』には書かれていません。だから、だれかの偽作じゃないかともいわれています。

赤穂事件については、当時からいろいろな書物が書かれていて、話がどんどんつけ加わっていくものですから、真偽の判定もなかなか大変なところがあります。

切腹の作法についての記述も、史料によって違いがあります。たとえば、『江赤見聞記』では、最初の2～3人は、脇差を腹に突き立て、声をあげたときに介錯しましたが、それ以降は脇差を取ったときに首を落としたと書いてあります。

でも、細川家の記録である『細川家御預始末記《ほそかわけおあずけしまつき》』では、そのあたりのことが微妙です。

『江赤見聞記』の記述は、想像か伝聞ですから、内蔵助たちの名誉のためにそう書いたのかもしれません。

『久松家《ひさまつけ》赤穂《あこう》御預人《おあずけにん》始末記《しまつき》』には、大石主税の切腹について、次のように書いてあります。

「御検使衆の方へ謹んで御礼仕り、押し肌ぬぎ、介錯人へ時宜《じぎ》（辞儀）いたし、小脇差取り上げ候所、首を打ち、……」

——御検使衆のほうへ謹んでお礼をし、肌ぬぎになって、介錯人へお辞儀をし、小脇差を手に取ったところで、首を打ち、……

これを読むと、小脇差を取った瞬間をねらって首を落としたようです。このときがいちばん無防備だからでしょう。

『水野家《みずのけ》御預記録《おあずけきろく》』でも、脇差を取って押し戴いたときに首を落としています。これが作法だったのか、あるいは浪士たちが臆するのを配慮してなのかはわかりません。1日のうちに10人も切腹させなければならなかったわけですから、急いだということも考えられます。

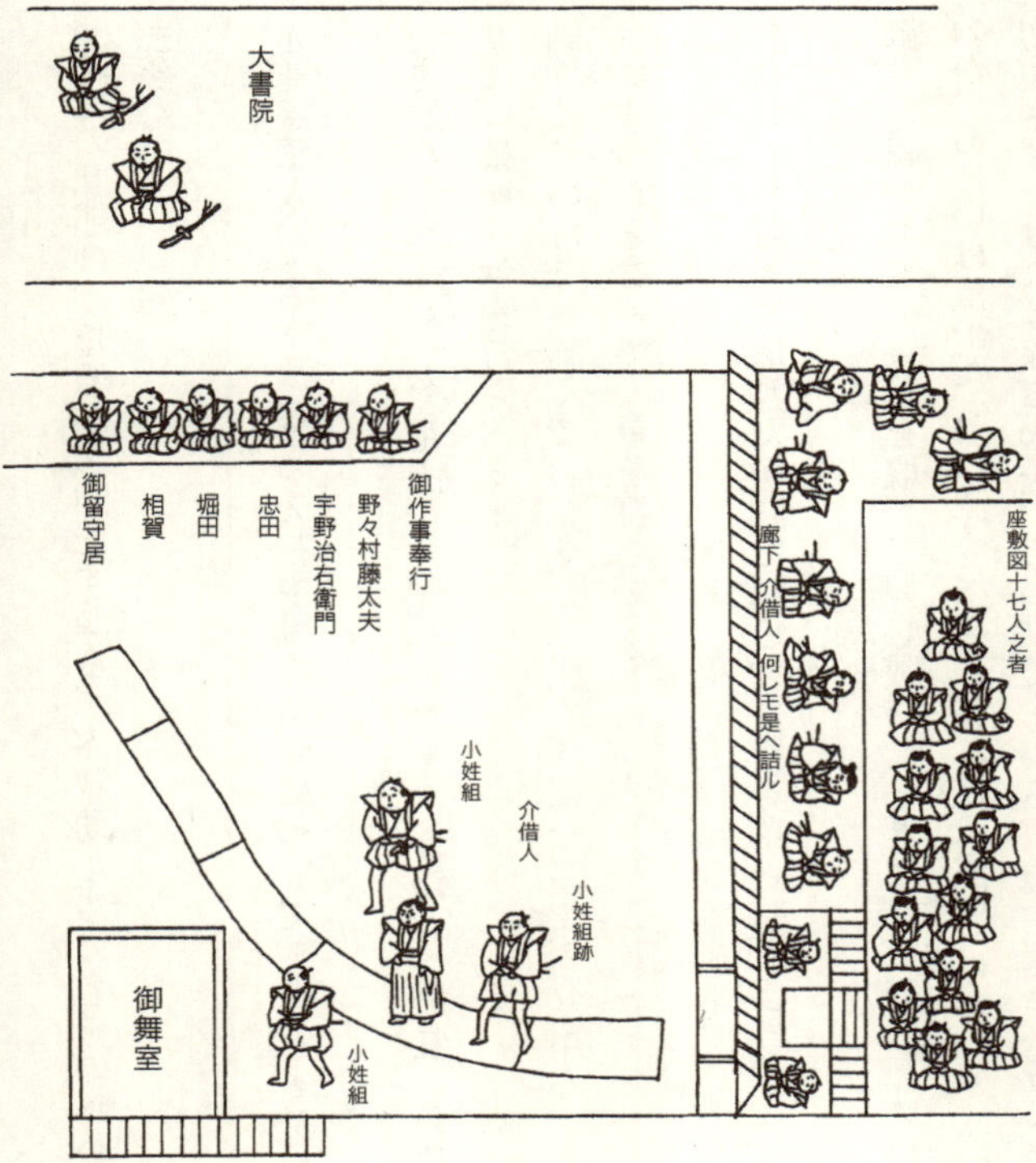

（『赤穂義人纂書』第一より作成）

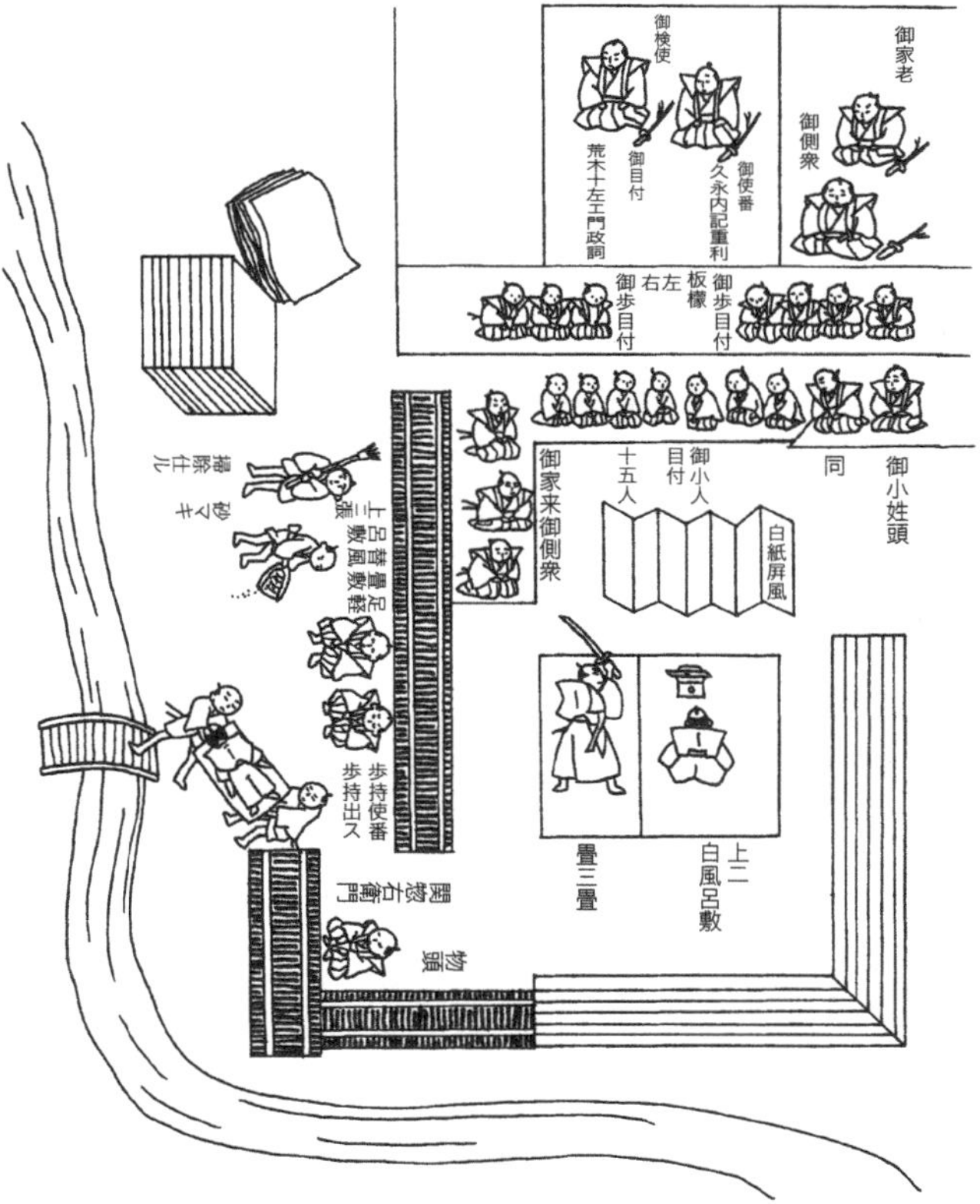

御検使
御目付
荒木十左エ門政詞
御使番
久永内記重利
御家老
御側衆
御歩目付
右
左
板椽
御歩目付
御小姓頭
同
御小人目付
十五人
御家来御側衆
白紙屏風
上ニ白風呂敷
畳三畳
掃除仕ル
砂マキ
足軽 畳替風呂敷上ニ敷張
歩持使番
歩持出ス
関惣右衛門
物頭

◎細川邸での切腹の様子

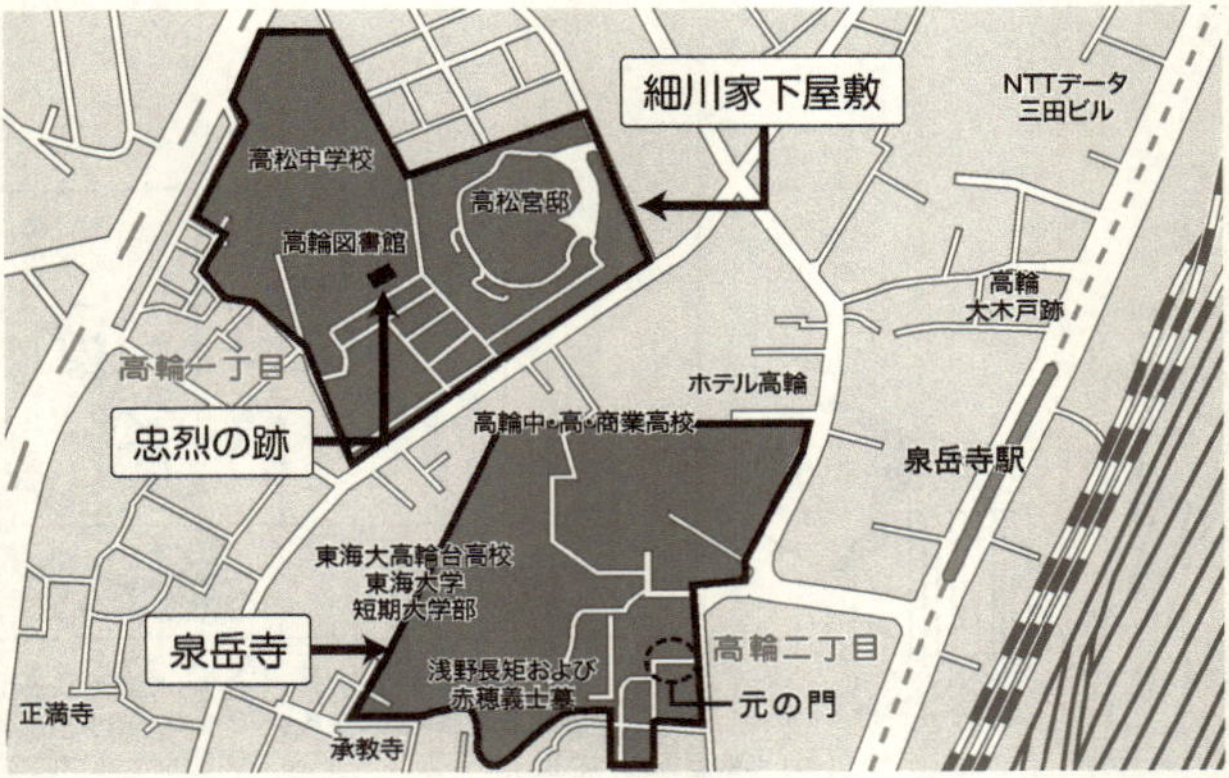

◎泉岳寺と細川家下屋敷のあったところ

毛利家では、最初、脇差じゃなく、扇子を紙で包んで出そうとしたとも書いてあります。でも、これは、その後検使の指示で脇差に替えています。

毛利邸で切腹した間新六《はざましんろく》は、肌脱ぎ（袖を脱いで、肌を現すこと）になって脇差を戴くと首を落とされることがわかっていたのか、肌を脱がず、いきなり腹に脇差を突き立てたとあります。浪士たちは切腹を覚悟していたわけですから、最後ぐらい、好きなようにやらせてやればいいのにと思いますね。

切腹の場所となった細川家の屋敷は、泉岳寺の裏手にありました。細川家の記録では、「芝の御屋敷」とか「下屋敷」と呼んでいます。2

万5000坪あって、現在は、旧高松宮邸と都営住宅、それに高松中学校になっています。ずいぶんな広さですが、54万石の大藩ですから、まあこのぐらいの広さが妥当でしょう。

旧高松宮邸のわきの道を高松中学校のほうへ歩いて、左に曲がると、7人が切腹した庭の一部が、「忠烈《ちゅうれつ》の跡」として残されています。扉が閉まっていて、中には入れません。扉のすき間からのぞくことはできますが（笑）。

切腹したところ	名　前	戒　名
毛利甲斐守 麻布上屋敷	岡島八十右衛門常樹	刃袖払劔信士
	吉田澤右衛門兼定	刃当掛劔信士
	武林唯七隆重	刃性春劔信士
	倉橋伝助武幸	刃煅錬劔信士
	間新六光風	刃模唯劔信士
	村松喜兵衛秀直	刃有梅劔信士
	杉野十平次次房	刃可仁劔信士
	勝田新左衛門武堯	刃量霞劔信士
	前原伊助宗房	刃補天劔信士
	小野寺幸右衛門秀富	刃風颯劔信士
水野監物 三田中屋敷	間十次郎光興	刃沢蔵劔信士
	奥田貞右衛門行高	刃湫跳劔信士
	矢頭右衛門七教兼	刃擲振劔信士
	村松三太夫高直	刃清元劔信士
	間瀬孫九郎正辰	刃太及劔信士
	茅野和助常成	刃響機劔信士
	横川勘平宗利	刃常水劔信士
	三村次郎左衛門包常	刃珊瑚劔信士
	神崎与五郎則休	刃利教劔信士

＊花岳寺墓碑には超倫院と院号を付す。

切腹したところ	名　前	戒　名
細川越中守 高輪下屋敷	大石内蔵助良雄	忠誠院刃空浄剣居士
	吉田忠左衛門兼亮	刃仲光剣信士
	原惣右衛門元辰	刃峰毛剣信士
	片岡源五右衛門高房	刃勘要剣信士
	間瀬久太夫正明	刃誉道剣信士
	小野寺十内秀和	刃以串剣信士
	間喜兵衛光延	刃泉如刃信士
	磯貝十郎左衛門正久	刃周求剣信士
	堀部弥兵衛金丸	刃毛知剣信士
	近松勘六行重	刃随露剣信士
	富森助右衛門正因	刃勇相剣信士
	潮田又之丞高教	刃胸空剣信士
	早水藤左衛門満堯	刃破了剣信士
	赤埴源蔵重賢	刃広忠剣信士
	奥田孫太夫重盛	刃察周剣信士
	矢田五郎右衛門助武	刃法参剣信士
	大石瀬左衛門信清	刃寛徳剣信士
松平隠岐守 三田中屋敷	大石主税良金	刃上樹剣信士*
	堀部安兵衛武庸	刃雲輝剣信士
	中村勘助正辰	刃露白剣信士
	菅谷半之丞政利	刃水流剣信士
	不破数右衛門正種	刃観祖剣信士
	木村岡右衛門貞行	刃通普剣信士
	千馬三郎兵衛光忠	刃道互剣信士
	岡野金右衛門包秀	刃回逸剣信士
	貝賀弥左衛門友信	刃電石剣信士
	大高源五忠雄	刃無一剣信士

◎四十六士が切腹した屋敷と戒名

3 吉良左兵衛の処分と赤穂浪士の遺族

元禄16年（1703）2月4日、吉良左兵衛義周《きらさひょうえよしちか》は、信州高島藩諏訪家へ御預けとなることになった。左兵衛についていく家臣は、わずか2名とされた。

2月11日、左兵衛は江戸を発《た》ち、諏訪へ向かった。吉良家の家来の多くが左兵衛に随行したいと希望したが、その中から左右田孫兵衛《そうだまごひょうえ》と山吉新八郎《やまよししんはちろう》の2名だけがついていくことになった。

浪士たちと戦ったときの傷が重く、道中には外科医も同行した。高島への到着は2月16日だった。

左兵衛は、当初、藩士の屋敷に収容され、のち高島城南丸の施設に収容された。外部との連絡は断たれ、髭《ひげ》を剃るときも剃刀《かみそり》は許されず、はさみが用いられた。

宝永元年（1704）6月2日、左兵衛の実父、米沢藩主の上杉綱憲が没し、8月8日には、吉良上野介の妻で左兵衛の祖母富子が没した。

左兵衛も、諏訪の気候が身体にあわなかったためか病気をくり返し、宝永3年（1706）正月20日に没した。享年21歳であった。

幕府からは検使が派遣され、その後、遺体は、高島城外の法華寺《ほっけじ》に葬られた。

赤穂浪士46人の遺族は、妻や娘はお構いなしとされ、男子は伊豆大島へ遠島とされた。該当する者は19人いたが、15歳までは罪を猶予された。

遠島になったのは、

吉田忠左衛門の次男伝内《でんない》（25歳）
間瀬《ませ》久太夫《きゅうだゆう》の次男定八《さだはち》（20歳）
中村勘助《なかむらかんすけ》の長男忠三郎《ちゅうさぶろう》（15歳）
村松喜兵衛《むらまつきひょうえ》の次男政右衛門《まさえもん》（23歳）

の4人である。

瑤泉院《ようぜんいん》は、これら4人の赦免《しゃめん》を願い、宝永3年8月、出家を条件に赦免が許された。ただ、間瀬定八だけはすでに大島で没していた。

宝永6年（1709）1月10日、五代将軍徳川綱吉が没し、甲府家の家宣《いえのぶ》が将軍となるにあたって恩赦が実施された。浪士たちの遺族も罪を許されることになった。

広島藩にお預けとなっていた浅野大学長広《あさのだいがくながひろ》も許され、500石を与えられて旗本に復した。

大石内蔵助が顔を見ることのなかった三男大三郎《だいざぶろう》は、本家の広島藩浅野家に、内蔵助と同じ1500石で召し抱えられることになった。内蔵助の妻りくも大三郎といっしょに広島へ行き、浅野家から隠居料として100石を給された。

大三郎は、その後元服して大石外衛良恭《げえいよしやす》と名乗った。かれは番頭《ばんがしら》（81ページ）を拝命し、その家系は代々優遇された。（『諏訪家御用状留帳』『江赤見聞記』より）

――吉良左兵衛《きらさひょうえ》は討たれたほうで、被害者ですよね？　それにもかかわらずなんで流罪《るざい》になるんですか？

討ち入りを防げなかったことが「不届き」だとされたんです。でも、これは納得できないですよね。だって、家臣たちでさえ戦いに参加した者はわずかだったのに、長刀《なぎなた》で戦い、負傷して倒れたんですから、十分がんばったと思います。それに、「勝敗は時の運」ですから、とがめられる筋合いはないはずなんです。それなのに幕府は、父親の首を取られたというだけで「不届き」としました。結果だけを問題にするあまりに厳しい処分です。

ただ、それだけ世論は、討ち入りした側に同情的だったということでもありますね。討ち入りした者全員が切腹ですから、それとつりあいをとったということなんでしょう。

高島藩でお預け中に没しましたから、吉良家は断絶することになりました。赤穂事件の中で、いちばんの被害者は、この左兵衛じゃないかとわたしは思いますね。

――たしかに、祖父は殺され、自分も深手を負って戦ったのに認められず、そのうえ御家断絶ではやりきれませんね。

それに対して赤穂側は、若くても討ち入りに参加していますから、15歳以上の遺族が4人と少ない。

吉田忠左衛門は嫡子の澤右衛門《さわえもん》を、間瀬久太夫《ませきゅうだゆう》も嫡男孫九郎《まごくろう》を討ち入りに参加させていますが、吉田伝内と間瀬定八《ませさだはち》は、播州《ばんしゅう》亀山（姫路市）にいました。伝内と定八は次男なので、討ち入りには参加させず、残して家を継がせようとしたんじゃないかと思います。

村松政右衛門《むらまつまさえもん》は、幕府の小姓頭《こしようがしら》（34ページ）をしていた、小笠原長定《おがさわらながさだ》に仕えていました。旗本直参《じきさん》（将軍に直接仕える武士。旗本のこと）の家来だということで、父親の村松喜兵衛《むらまつきひょうえ》も兄の村松三太夫《むらまつさんだゆう》も、弟の政右衛門にはなにも話さなかったようです。

政右衛門は、遠島に処すと聞いたとき、

「親、兄ともに切腹を命じられ、私も切腹を命じられると覚悟していましたが、御慈悲をもって遠島にしていただいたことは有り難いと存じます」

と殊勝に返答したといいます。

大石内蔵助の次男吉之進《きちのしん》は、連座《れんざ》、つまり罪を犯した者の近親者も処罰されることを恐れて遺族が僧侶にしていましたよね。これは、討ち入り前の内蔵助の手紙に書いてあります。そのため、このときは連座を免れたんですが、宝永6年3月に19歳で没しています。それで、大石家を継ぐ者は、三男の大三郎だけになります。大三郎は、討ち入りの年に生まれたわけですから、恩赦があった宝永6年には数えで8歳です。

――この処罰には、みんな納得したんでしょうか？

遺族は、みんな切腹を命じられることを覚悟していたようです。矢田五郎右衛門《やだごろうえもん》の嫡子の作十郎《さくじゅうろう》は、まだ９歳でしたが、幕府に召喚されたとき、幕府役人の前で、

「父と同罪に仰せつけられると存じております。それならば、介錯にあたる方をお呼びください。少し頼みたいことがございます」

と殊勝に答えたといいます。それで居並ぶ役人たちは、涙をこらえきれず、しばらくは声も出なかったようです。これは、近藤藤兵衛《こんどうとうびょうえ》という人の手紙に書いてあることなので、正真正銘の事実です。

武士は、子どものときから「死を恐れてはいけない」ということを教えられ、礼儀作法もしつけられていたことがよくわかる話ですね。

終章　泉岳寺墓所にて

——いまでも、赤穂浪士の討ち入りの日には、多くの人が泉岳寺に参拝していますね。

そうですね。いまはずいぶんきれいに整備されていますが、以前来たときは、もっと木立がうっそうと茂っていて、雰囲気がありました。

右手のいちばん奥にあるのが浅野内匠頭《あさのたくみのかみ》のお墓で、手前が正室の瑤泉院《ようぜんいん》のお墓です。浪士たちのお墓は、浅野のお墓の左の区画に並んでいます。屋根があるのが大石内蔵助《おおいしくらのすけ》のお墓で、その左に吉田忠左衛門《よしだちゆうざえもん》、原惣右衛門《はらそうえもん》と続いていきます。預けられて切腹した家ごとにグループになっています。

隅のお墓は、あとで建てられた寺坂吉右衛門《てらさかきちえもん》の供養墓です。吉右衛門は、討ち入りのあとその場を去ったので、「遂道退身信士《ちくどうたいしんしんし》」という不名誉な戒名がつけられています。

——遂道退身信士というのはどういう意味なんですか？　字面からしてあまりよくなさそうですが。

「逃げた人」という意味です。ほかの浪士たちには、すべて「刃《じん》○○剱《けん》信士」といった勇

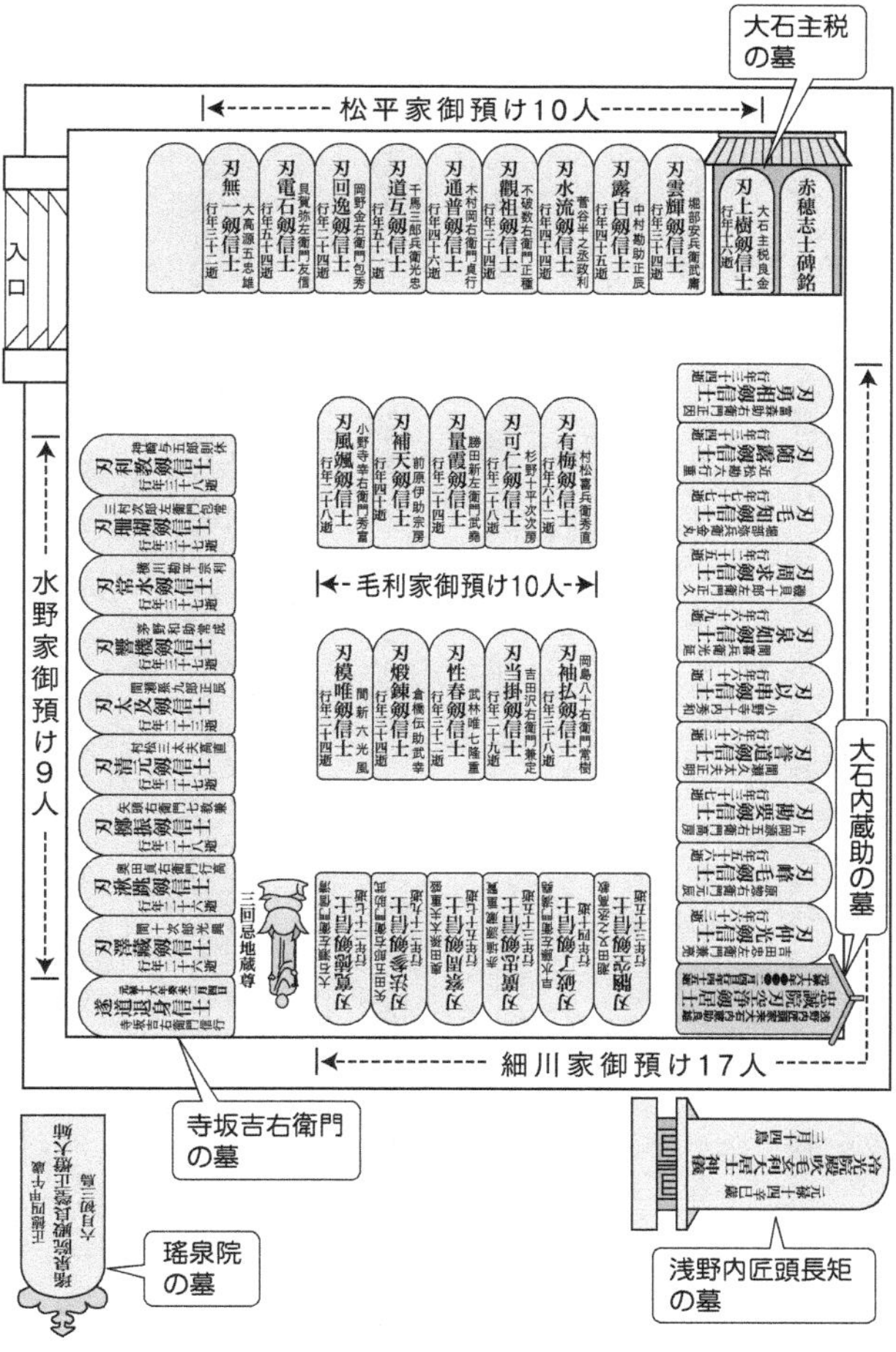

◎泉岳寺赤穂義士の墓配置図

ましい戒名がついています。生前の討ち入りという勇敢な行動を、賞賛しているんですね。浅野と瑤泉院の墓石は、夫婦だから並んで建っていてもいいと思いますが、まず浅野の墓が建てられて、浪士たちの切腹後に浅野の墓のわきの竹やぶを取り去って浪士たちが埋められましたから、その後亡くなった瑤泉院のお墓は空いてるところに建てられたんでしょう。

――泉岳寺の案内は、「赤穂浪士」ではなく、「赤穂四十七義士墓所」となっているんですね。

ええ。かれらが残した手紙を読むと、かれらはまぎれもなく「義」のために死のうとしていますから、その限りでは「義士」といってもいいのではないでしょうか。

でも、北海道大学名誉教授で思想史家の田原嗣郎《しろう》さんは、46人の行動について、次のように述べています。

「長矩がいかなる人物でも、またいかなるきっかけで突然小刀を振るって吉良に斬りかかり、取り押さえられて死刑になったとしても、そういう君側《くん》の感心しない事情を無視して、ただ長矩がやろうとして果たせなかった吉良の殺害を実行した、ということを高く評価しようとすれば」

と何重にも限定をつけて、

「己を空しくしてむやみに君に従うことを〝義〟とでもするほかはない」

といっています。つまり、個々の武士が、まったく善悪の価値判断をしないで主君に盲従することを、果たして「義」というべきかを問題提起しています。理性的に見れば、田原さんのいう通りだと思います。

ただ、46人の中にある心情を推測すると、そうまで切り捨てていいものか、という気もします。

東京大学名誉教授の尾藤正英さんは、「忠臣蔵」がどうしてこんなに人気があるのかを考えて、赤穂事件に表れたかれらの「公共的精神」にその秘密があるんじゃないかと推測しています。これは、46人の「忠義」というものが、どのような性格のものかを理解するうえで大変大切な視点だと思いますので、紹介したいと思います。

「忠義という言葉には、主君個人に対する忠誠の意味よりも、むしろ組織（この事件の場合は赤穂藩の家臣団）に対する忠誠心の意味がこめられており、その組織の名誉を守るためには、自己の命を捨てても悔いない心、すなわち私的な利害の関心を超えた、公共的精神とでもいうべきものが、忠義と表象されていたのではないか」

単純に主君に従うことや、主君の意思を継ぐことが、46人の「気持ち」だったんではない、ということです。

つまり、主君と吉良はけんかをしたのに、主君だけが切腹になった。これは幕府の「片落ち」の処分だった。だから、吉良が生きている限り、武士社会の常識では、赤穂藩あるいは旧赤穂藩士の「人前《ひとまえ》」（109ページ）はどうしても回復することができない。

そういう不名誉な境遇に身を置くことは、死んでもいやだという旧藩士たちが、協力してついに藩と自分たちの名誉を回復したというのが、討ち入りの本質だったたということでしょう。そして、そういう感情に基づいた行動を、周囲の人が「忠義」と呼んだのだと。

そうだとすれば、討ち入りに参加した人たちは、自分の命をかけ、愛する妻子を捨てて、そういう大義に従ったわけですから、やはり「義士」というべきだろうと思います。

――忠義のために討ち入ったんじゃなく、名誉を回復しようとした行動を、人々が忠義と解釈した、ということですか。

ええ、そう思います。田原さんもいっていますが、売られたけんかは買わなきゃいけないというのは、現代の常識では、どう見てもまともな人間のすることではありません。でも、武士社会は、そういう社会でした。

だれかが斬りかかってきたら、理由のいかんを問わず刀を抜いて応戦する。また、斬りかかった以上は、相手を斬り殺す。それが武士です。

そういう道徳、つまり武士道が是認された社会においては、吉良邸の討ち入りは、まさに武士道を遵守し、武士のメンツをかける戦いでした。

わたしは、そういう武士のメンツを重んずる心の中でも、とくにまだ暴力的な気風が残っている、元禄時代ぐらいまでの武士のメンタリティー（心性）を「かぶき者」的心性だと理解しています。

「かぶき者」とは、17世紀に多い無頼《ぶらい》の者たちで、武士や武士に奉公する者に特有な、ことさらに派手なかっこうをしたり、粗野な行動を重んずる「やくざ」な者たちだった。

でも、どんな苦しいことでもがまんして強がりを言い、自分を頼る者や仲間のためには命を捨てても後悔しない、という倫理を持っていました。

こういう精神は、まさに戦国時代以来の武士らしい武士のものです。それが、平和な時代になって行き場を失って、無頼な行動となって表れたんでしょう。ふつうの武士は、そういう行動はしなかったけれども、そういう精神は、多くの武士の中にまだ残っていた。それが、主君の無念の死によって目覚めた。眠っていた武士らしい心の目標ができたんです。

そうだとすれば、討ち入りが成功したあと、多くの武士が赤穂の浪人たちの行動に感動し、賞賛したということもわかりますね。自分たちが、日ごろ、抑えつけている、武士らしい精神を実践した者が目の前に現れたわけですから。

武士社会の道徳を認めれば、やはり四十六士たちは「義士」でしょう。

一方で、そういう無私の精神は美しいですが、実はどこに向かうかが大切なんじゃないかとも思わざるをえません。

日本人の中には、自分の信頼する上司や組織、あるいは国家のためには、自分を捨ててでも尽くそうといった「公共的精神」があります。わたしはそれを美しいと思います。

でも、そういう個々人の「公共的精神」を利用しようとする人もいるのもまた事実です。部下のそういう精神を利用して自分の野望を実現しようとしたり、部下を切り捨てて自分だけ助かろうとしたりする人がいます。

だから、「忠臣蔵」に素直に感動して、「義士」だと持ち上げればいいというものでもありません。

46人の「公共的精神」を忠義だと賞賛して、それに感動した者の無私の精神を利用して、「お国のため」と言って無謀な戦争に命をかけさせて国を滅ぼしかけた時代もあったことを忘れてはいけないと思います。

「公共的精神」は大切ですが、それを発揮するときに、

「実際にはどの方向に向かっているのかを、自分で判断できる理性」

が必要だということでしょう。

あとがき

この『東大教授の「忠臣蔵」講義』は、2003年12月に中経出版（現、KADOKAWA）から出版した『忠臣蔵のことが面白いほどわかる本』を全面的に改稿したものです。

前著は、テレビや映画で『忠臣蔵』の題名で放映されたり上演されたりする時代劇を、できるだけ確かな史料に基づき、史実はどうだったかを書いたものです。

その後、浅野家の御家再興や吉良邸討ち入りをお金の面から明らかにした『「忠臣蔵」の決算書』（新潮新書）、赤穂の浪人たちの心情を詳しく分析した『赤穂事件と四十六士』（吉川弘文館）などを書きました。江戸文化歴史検定の参考図書として書いた『これが本当の「忠臣蔵」』（小学館101新書）もあります。本書は、こうした本を前提に、新たな知見を加え、改めて忠臣蔵の全体像をより多くの読者に届くようライブ講義形式で書き直したものです。

本書を読めば、「忠臣蔵」初心者でも、そのもとになった赤穂事件というものがどういう性格の事件だったかがわかるはずです。

「忠臣蔵」は、忠義の物語だと思っている人がまだまだ多いと思いますが、史料を読めば読むほどそんなものではなかったことを実感します。

本書を読んでくださった方にはもうおわかりでしょうが、これは「武士の一分」の物語であり、また自分が正しいと信じるものに対して私心を捨てて行動した人間の物語だったのです。そして、そのように読み直すことによって、日本人というものの特質も浮かび上がってきます。

「忠臣蔵」のもとになった赤穂事件は、お涙頂戴《ちょうだい》の忠義物語ではありません。この事件は、人間性が試される決断のとき、私たちの先祖がどのような行動をとったかを知るための最良の先例であり、この事件を考えることは自分を見つめ直し、私たち自身の行動の指針になると思います。すべての日本人が、赤穂事件の本質を理解することを心から願っています。

二〇一七年一一月

山本博文

本書で引用した史料ガイド

『赤穂義人纂書』第一・第二・補遺、国書刊行会、一九一〇・一九一一年

嘉永（一八四八〜五四）の頃、磐城平藩士鍋田晶山が数十年の苦心を費やして収集した史料百二十二点に十七点を補充して国書刊行会が刊行した史料集。

・主な収録史料

第一『復讐論』林信篤／『赤穂四十六士論』荻生徂徠／『萱野三平伝』伊藤東涯／『赤城士話』／『多門伝八郎筆記』／『堀内伝右衛門覚書』／『浅野内匠頭分限帳』／「吉良氏首級請取状」／『義士親類書』（水野監物預九人・細川越中守預十七人）／『義士切腹図』

第二『田村右京大夫殿江浅野内匠頭御預一件』／『赤穂浪人御預之記』（毛利家記録）／『赤穂義士親類書』（毛利家預十人）／『浅野内匠殿家来松平隠岐守江御預け一件』／『寺坂信行筆記』／『梶川氏筆記』梶川与惣兵衛頼照／「夜討の翌朝芝辺にて見懸たる義人之図」／「萱野三平贈大石良雄書」／『介石記』著者不詳／『赤穂城引渡一件』

補遺『堀部武庸筆記』／『白明話録』／『金銀請払帳』／「評定所一座存寄書」／「徂徠擬律書」荻生徂徠／『江赤見聞記』巻一〜巻七

『赤穂義士史料』上・中・下、雄山閣、一九三一年
中央義士会が、東京帝大史料編纂官・文学博士の渡辺世祐氏らに依託して昭和六年に刊行した史料集。上巻は記録・日記、中巻は記録・日記・系譜類、下巻は主に浪士関係の書状が収められている。

・主な収録史料
上巻『元禄年録』／『田村家浅野長矩御預之節控』／『岡島常樹覚書』／『堀部弥兵衛金丸私記』／『寺坂私記』寺坂信行／『寺坂信行筆記』／『朝原重栄書』／『波賀朝栄覚書』／『義士江戸宿所并到着附』／『米沢塩井家覚書』／『義士引揚行列』／『義士等佩刀覚』
中巻「吉良邸絵図」／『細川家御預始末記』／『久松家赤穂御預人始末記』／『水野家御預記録』／『上杉年譜』／『諏訪家御用状留帳』／『吉良左兵衛預付諏訪家諸事帳』
下巻「義士関係書状」正保二年～正徳五年／『易水連袂録』巻一～巻四
『日本思想大系　近世武家思想』（石井紫郎編）岩波書店、一九七四年
東京大学名誉教授で法制史学者の石井紫郎氏の責任編集で、『多門伝八郎覚書』『堀部武庸覚書』『赤穂義人録』（室鳩巣）『四十七士論』（荻生徂徠）などの赤穂事件関係史料に厳密な

校訂がなされている。

『忠臣蔵』第三巻（赤穂市史編纂室編）赤穂市役所、一九八七年

赤穂事件に関係する重要史料を年月日順に配列している。

『土芥寇讎記』（金井圓校注）新人物往来社、一九八五年

幕府隠密が、元禄三年（一六九〇）の諸大名の行跡や領地を調査して報告したもの。

『（摘録）鸚鵡籠中記』（塚本学編注）岩波文庫、一九九五年

元禄ごろに尾張藩御畳奉行を務めた朝日定右衛門重章の日記。

引用文献・参考資料

松島栄一『忠臣蔵―その成立と展開―』岩波新書、一九六四年

渡辺世祐『正史赤穂義士』光和堂、一九七五年

尾藤正英『日本の歴史19　元禄時代』小学館、一九七五年

田原嗣郎『赤穂四十六士論』吉川弘文館、一九七八年

廣末保『四谷怪談―悪意と笑い―』岩波新書、一九八四年

八木哲浩『忠臣蔵』第一巻、赤穂市役所、一九八九年
野口武彦『忠臣蔵――赤穂事件・史実の肉声』ちくま新書、一九九四年
鈴木悦道『新版 吉良上野介』中日新聞本社、一九九五年
田口章子『おんな忠臣蔵』ちくま新書、一九九八年
西山松之助（監修）『図説 忠臣蔵』河出書房新社、一九九八年
尾藤正英「新しい国家を支えた公共性の理念」『AERA Mook 元禄時代がわかる。』朝日新聞社、一九九八年
宮澤誠一『赤穂浪士――紡ぎ出される「忠臣蔵」』三省堂、一九九九年
元禄忠臣蔵の会（編）『元禄忠臣蔵データファイル』新人物往来社、一九九九年
田原嗣郎「赤穂四十六士論をめぐる問題について」『敬和学園大学研究紀要』第9号、二〇〇〇年
国立劇場歌舞伎公演プログラム『通し狂言 仮名手本忠臣蔵』二〇〇二年
広井 桂「『松の廊下・刃傷の原因』について廣山堯道、三好一行両氏へのお尋ね」『義士魂』大石神社々務所赤穂義士顕彰会、二〇〇三年

索引

※四十七士は実名まで入れて太字で示した。

【あ】

愛沢惣右衛門《あいざわそうえもん》　30、34
赤垣伝蔵《あかがきでんぞう》　180
赤埴源蔵重賢《あかばねげんぞうしげかた》　112、175、180、199、271、281
明長屋《あきながや》　256
阿久里《あぐり》　45、49
『曙曾我夜討《あけぼのそがのようち》』　4
明《あ》け六《む》ツ　71、231
赤穂義人録《あこうぎじんろく》　158
赤穂事件《あこうじけん》　3、4、5
浅野安芸守綱長《あさのあきのかみつななが》　61
浅野大学長広《あさのだいがくながひろ》　46、48、64、84、107、142、150、274
『浅野内匠殿家来松平隠岐守《あさのたくみどのけらいまつだいらおきのかみ》江《へ》御預《おあず》け一件《いっけん》』　111、120、154
浅野内匠頭長矩《あさのたくみのかみながのり》　3、4、5、16、18、22、24、29、31、32、38、44、48、56、94、116、183、242、259、280、281
浅野土佐守長澄《あさのとさのかみながすみ》　46、68
浅野長直《あさのながなお》　128
浅野美濃守長恒《あさのみののかみながつね》　68
朝日重章《あさひしげあき》　52
麻布谷町《あざぶたにまち》　118
足軽《あしがる》　60、91
足軽頭《あしがるがしら》　60、102
『預置候金銀請払帳《あずかりおきそうろうきんぎんうけはらいちょう》』　111、145、149、185
小豆屋五兵衛《あずきやごひょうえ》　120
小豆屋善兵衛《あずきやぜんべえ》　120
仇討《あだう》ち　4、83、163、238
愛宕下大名小路《あたごしただいみょうこうじ》　31
阿部豊後守正武《あべぶんごのかみまさたけ》　25、248
荒木十左衛門政羽《あらきじゅうざえもんまさう》　61、86、88、116、259

【い】

『家秘抄《いえひしょう》』　62
位階《いかい》　40
池田久右衛門《いけだきゅうえもん》　100
石束源五兵衛《いしづかげんごびょうえ》　136
石原新左衛門《いしはらしんざえもん》　87
磯貝十郎左衛門正久《いそがいじゅうろうざえもんまさひさ》　45、51、75、96、98、112、170、175、199、271、281
磯田武太夫《いそだぶだゆう》　30
一分《いちぶん》　80、83、154
稲葉丹後守正通《いなばたんごのかみまさみち》　245
色部又四郎《いろべまたしろう》　240
院使《いんし》　16、19

院使饗応役《いんしきようおうやく》　16、19

【う】

『上杉家年譜《うえすぎけねんぷ》』　240
上杉綱勝《うえすぎつなかつ》　41、43
上杉綱憲《うえすぎつなのり》（三之助《さんのすけ》）　41、43、80、240、249、272
潮田又之丞高教《うしおだまたのじょうたかのり》　93、112、115、118、124、143、153、162、175、178、180、199、262、271、281
打《う》ち首《くび》　32
内田三郎右衛門《うちださぶろうえもん》　129
内股膏薬《うちまたこうやく》　124、126、127
馬廻《うままわり》　60、81、91、102、103、121、189、199、240
運上《うんじょう》　57

【え】

永代橋《えいたいばし》　232、235
『易水連袂録《えきすいれんべいろく》』　19
回向院《えこういん》　119、181、215、231、233、234、235、236、237
絵図奉行《えずぶぎょう》　191
江戸《えど》お留守居役《るすいやく》　45、83
烏帽子《えぼし》　17
塩谷判官《えんやはんがん》　5、50
遠林寺《えんりんじ》　107、108

【お】

御家《おいえ》お取《と》り潰《つぶ》し　64、66、90
御請《おうけ》　30、31、260
『鸚鵡籠中記《おうむろうちゅうき》』　52
大石内蔵助良雄《おおいしくらのすけよしたか》　5、28、61、68、73、81、86、88、91、93、100、107、111、113、116、121、123、125、136、137、143、150、162、169、171、175、177、179、181、185、199、200、204、221、225、229、233、238、241、244、245、246、247、255、260、261、271、274、276、280、281
大石外衛良恭《おおいしげえいよしやす》　274
大石三平《おおいしさんぺい》　194、195
大石瀬左衛門信清《おおいしせざえもんのぶきよ》　60、112、153、156、199、271、281
大石主税良金《おおいしちからよしかね》　100、113、137、156、169、175、177、199、204、245、248、265、271、281
大石無人《おおいしぶじん》　194、241
多川九左衛門《おおかわくざえもん》　69
大久保権左衛門忠鎮《おおくぼごんざえもんただしげ》　29
（将軍の）仰《おお》せ渡《わた》し　36
大高源五忠雄《おおたかげんごただお》　103、112、116、123、126、142、143、150、153、175、177、192、194、195、199、204、207、271、281
大手門《おおてもん》　30、33、46
大野九郎兵衛《おおのくろうびょうえ》　68、73、86、89、132
大星由良之助《おおぼしゆらのすけ》　5
大目付《おおめつけ》　17、29、61、103
大屋喜右衛門表店《おおやきえもんおもてだな》　169、175
小笠原長定《おがさわらながさだ》　276
岡島八十右衛門常樹《おかじまやそえもんつねもと》　62、113、153、156、175、177、193、199、256、270、281
『多門伝八郎覚書《おかどでんぱちろうおぼえがき》』　34、36
多門伝八郎重共《おかどでんぱちろうしげとも》　29、36

岡野金右衛門包住《おかのきんえもんかねずみ》　177、190、199
岡野金右衛門《おかのきんえもん》（九十郎《くじゅうろう》）包秀《かねひで》　113、153、156、175、177、190、199、271、281
お軽《かる》　131
荻生徂徠《おぎゅうそらい》　252
奥田貞右衛門行高《おくださだえもんゆきたか》　175、177、199、270、281
奥田庄三郎《おくだしょうざぶろう》　180
奥田孫太夫重盛《おくだまごだゆうしげもり》（兵左衛門《へいざえもん》）　80、94、112、128、143、175、177、180、199、271、281
奥野将監《おくのしょうげん》　74、81、86、150、152
御腰物方《おこしものかた》　192
小汐田又之丞《おしおだまたのじょう》　180
落合与左衛門《おちあいよざえもん》　62、154、179、181
斧九太夫《おのくだゆう》　132
小野寺幸右衛門秀富《おのでらこうえもんひでとみ》　112、153、156、175、177、199、270、281
小野寺十内秀和《おのでらじゅうないひでかず》　112、143、153、156、175、177、199、212、271、281
小山源五左衛門《おやまげんござえもん》　74、112、124、139、150、153
小山田庄左衛門《おやまだしょうざえもん》　170、175
小山屋弥兵衛裏店《おやまややへえうらだな》　169、174

【か】

改易《かいえき》　64、105
貝賀弥左衛門友信《かいがやざえもんとものぶ》　112、121、150、153、154、156、168、175、177、199、271、281
介錯《かいしゃく》　30
『介石記《かいせきき》』　264
垣見五郎兵衛《かきみごろうびょうえ》　169
垣見左内《かきみさない》　169
欠落《かけおち》　225
水主《かこ》　91
『梶川氏筆記《かじかわしひっき》』　21
『梶川与惣兵衛日記《かじかわよそびょうえにっき》』　22
梶川与惣兵衛頼照《かじかわよそびょうえよりてる》　16、21
鍛冶橋《かじばし》　33、115、122
糟谷勘左衛門《かすやかんざえもん》　45、113、153
片岡源五右衛門高房《かたおかげんごえもんたかふさ》　34、45、51、75、82、96、98、112、170、175、199、212、271、281
荷田春満《かだのあずままろ》　196
徒士《かち》　100、103
歩行組《かちぐみ》　91
徒目付《かちめつけ》　30、37、199
勝田新左衛門武堯《かったしんざえもんたけたか》　112、175、199、270、281
割符金《かっぷきん》　90
『仮名手本忠臣蔵《かなでほんちゅうしんぐら》』　5、49、131、179
かぶき者《もの》　217、285
裃《かみしも》　30、34
上屋敷《かみやしき》　45、47、232
萱野三平《かやのさんぺい》　60、130、131、153
茅野和助常成《かやのわすけつねしげ》　104、105、113、128、153、156、175、191、199、213、219、270、281
可留《かる》　141、172、185
家老《かろう》　20、34、45、46、61、81、91、93、199、227
河村伝兵衛《かわむらでんべえ》　74、112、153
貫《かん》　66
官位《かんい》　39
寛永寺《かんえいじ》　54、253
神崎与五郎則休《かんざきよごろうのりやす》　104、105、112、118、119、128、

153、170、175、182、184、188、199、215、270、281
間者《かんじゃ》 137
官職《かんしょく》 39
勘平《かんぺい》 131

【き】

祈願所《きがんじょ》 107、108
起請文《きしょうもん》 79
吉千代《きちちよ》(吉之進《きちのしん》) 100、136
吉之進《きちのしん》 100、172、276
木下肥後守利康《きのしたひごのかみとしやす》 61、88
木村岡右衛門貞行《きむらおかえもんさだゆき》 93、113、153、156、175、199、271、281
饗応役《きょうおうやく》 16
鏡照院《きょうしょういん》 108
吉良上野介義央《きらこうづけのすけよしひさ》 3、5、16、18、19、22、43、115、123、180、183、206、212、221、223、231、241、259、261
吉良左兵衛義周《きらさひょうえよしちか》 43、117、123、218、249、272、274
吉良邸《きらてい》 33、115、119、207、211、215、230、235、237
切米《きりまい》 90、105
近習《きんじゅう》 103、206
金子《きんす》 170
金遣《きんづか》い 65
銀遣《ぎんづか》い 65

【く】

(大石《おおいし》)くう 100、136
公卿《くぎょう》 47
国持大名《くにもちだいみょう》 110、117
熊野神社《くまのじんじゃ》 79
倉橋伝助武幸《くらはしでんすけたけゆき》 103、112、199、270、281
栗崎道有《くりさきどうう》 26
暮《く》れ六《む》ツ 71、231

【け】

桂昌院《けいしょういん》 45
閨閥《けいばつ》 41
化粧料《けしょうりょう》 144、145
血判《けっぱん》 150、151
喧嘩両成敗《けんかりょうせいばい》 25、183
検使《けんし》 30、36

【こ】

合《ごう》(容積の単位) 104
公儀《こうぎ》 74、240、254
高家《こうけ》 16、19
麹町《こうじまち》 169、173、174、175
口上書《こうじょうしょ》 186
『江赤見聞記《こうせきけんぶんき》』 22、38、44、62、93、110、120、139、152、164、195、197、208、216、224、226、264
高師直《こうのもろのお》 5、50、132、180
公弁法親王《こうべんほっしんのう》 253
膏薬《こうやく》 127
石高《こくだか》 27
御家人《ごけにん》 27、28
護持院《ごじいん》 33、107、108

小姓《こしょう》　34、212
小姓頭《こしょうがしら》　34
小納戸役《こなんどやく》　45
小林平八郎《こばやしへいはちろう》　212、226
『碁盤太平記《ごばんたいへいき》』　4
呉服橋《ごふくばし》　33、122
小屋掛《こやが》け　163
小役人《こやくにん》　88、91
権現様《ごんげんさま》　87
近藤藤兵衛《こんどうとうびょうえ》　277

【さ】

斎藤宮内《さいとうくない》　242
榊原采女政殊《さかきばらうねめまさこと》　61、86、116
(矢田《やだ》)作十郎《さくじゅうろう》　277
ささら　216
差料《さしりょう》　37
札座《さつざ》　64
佐藤与茂七《さとうよもしち》　180
左兵衛《さひょうえ》　43
三之助《さんのすけ》　41、43
三宝《さんぽう》　30、34、262

【し】

直参《じきさん》　276
直臣《じきしん》　28
四公六民《しこうろくみん》　101
嗣子《しし》　41
辞世の句《じせいのく》　38、230、263
四方髪《しほうはつ》　222、223
清水一学《しみずいちがく》　226
下屋敷《しもやしき》　48
尺《しゃく》　27
衆寮《しゅうりょう》　244
従五位下《じゅごいのげ》　39
寿昌院《じゅしょういん》　45
殉死禁止令《じゅんしきんしれい》　77
升《しょう》(容積の単位)　104
上使《じょうし》　36、61、67
庄田下総守安利《しょうだしもうさのかみやすとし》　29
『承天覚書《しょうてんおぼえがき》』　208
定番人《じょうばんにん》　91
白小袖《しろこそで》　223
新大橋《しんおおはし》　232、235
進藤源四郎《しんどうげんしろう》　74、100、111、112、116、139、150、155
親王任国《しんのうにんごく》　40
親藩《しんぱん》　28
神文《しんもん》　75、79、100、150
『親類書《しんるいがき》』　157

【す】

瑞光院《ずいこういん》　146
菅谷半之丞政利《すがやはんのじょうまさとし》　153、162、175、199、271、281
杉野十平次次房《すぎのじゅうへいじつぎふさ》　112、174、175、199、204、207、270、281
鈴木貞之進《すずきさだのしん》　212
鈴田《すずた》(木《き》)重八郎《じゅうはちろう》(十八《じゅうはち》)　171
寸《すん》　26

【せ】

瀬《せ》尾《お》孫《まご》左《ざ》衛門《えもん》　156、171、185
切腹《せっぷく》　32
泉岳寺《せんがくじ》　46、94、164、225、232、235、237、244、246、261、268、280
「泉岳寺《せんがくじ》書上《かきあげ》」　208
仙石《せんごく》伯耆守《ほうきのかみ》久尚《ひさなお》　232、235、244、256
千崎《せんざき》弥《や》五郎《ごろう》　131
千馬《せんば》三郎兵衛《さぶろうびょうえ》光忠《みつただ》　112、153、156、175、199、271、281

【そ】

増上寺《ぞうじょうじ》　54、235
左右田《そうだ》孫兵衛《まごびょうえ》　242、272
惣名代《そうみょうだい》　136、137
曾我《そが》兄弟《きょうだい》　4、162、163
側用人《そばようにん》　34
存《ぞん》じ寄《よ》り　74

【た】

（大石《おおいし》）大三郎《だいざぶろう》　137、140、274
大徳寺《だいとくじ》　144、146
大名《だいみょう》　27
高田《たかだ》郡兵衛《ぐんびょうえ》　80、94、124、128、129
高田《たかだ》弥《や》五《ご》兵衛《びょうえ》　129
竹田《たけだ》出雲《いずも》　5
武林《たけばやし》唯七《ただしち》隆重《たかしげ》　103、112、126、143、156、158、168、175、199、222、224、225、256、270、281
竹矢来《たけやらい》　49
足金《たしきん》　91
龍《たつ》の口《くち》　33、46、47
伊達《だて》左京亮《さきょうのすけ》村豊《むらとよ》　16
建部《たてべ》喜六《きろく》　45
田中《たなか》貞四郎《さだしろう》　45、75、112、170
頼母子《たのもし》　181、186
たぶさ　263
民谷《たみや》伊右衛門《いえもん》　180
田村《たむら》右京大夫《うきょうのだいぶ》建顕《たてあきら》　17、29、30、31、33
『田村《たむら》右京大夫殿《うきょうのだいぶどの》へ浅野《あさの》内匠頭《たくみのかみ》御預《おあずけ》一件《いっけん》』　51
『田村家《たむらけ》浅野《あさの》長矩《ながのり》御預之節控《おあずけのせつひかえ》』　38
弾正大弼《だんじょうだいひつ》綱憲《つなのり》　41
断絶《だんぜつ》　65

【ち】

小《ちい》さ刀《がたな》　17、20
近松《ちかまつ》勘六《かんろく》行重《ゆきしげ》　112、153、158、162、175、177、186、189、199、215、226、232、271、281
近松《ちかまつ》門左衛門《もんざえもん》　4
知行《ちぎょう》　101
知行取《ちぎょうと》り　103
千坂《ちさか》兵部《ひょうぶ》　240
蟄居《ちっきょ》　49
嫡子《ちゃくし》　48
中間《ちゅうげん》　118
中小姓《ちゅうごしょう》　30、91
忠烈《ちゅうれつ》の跡《あと》　268、269
調略《ちょうりゃく》　209

勅使《ちよくし》　16、19
勅使饗応役《ちよくしきようおうやく》　16、19、260

【つ】

月岡次《つきおかじ》右《え》衛門《もん》　69
辻斬《つじぎ》り　217
土屋《つちや》主税《ちから》　212
鶴岡八幡宮《つるがおかはちまんぐう》　162、163、164

【て】

鉄炮洲《てっぽうず》　45、47、48、232、235、236
寺坂吉右衛門信行《てらさかきちえもんのぶゆき》　113、174、175、185、199、228、244、247、280、281
『寺坂私記《てらさかしき》』　168、182
『寺坂信行筆記《てらさかのぶゆきひっき》』　168、228、229
伝奏屋敷《てんそうやしき》　33、45、46、47

【と】

斗《と》(容積の単位)　104
『東海道四谷怪談《とうかいどうよつやかいだん》』　179
『土芥寇讎記《どかいこうしゅうき》』　56
徳川家宣《とくがわいえのぶ》　273
『徳川実紀《とくがわじっき》』　254
徳川綱吉《とくがわつなよし》　5、16、29、42、43、107、108、250、253、273
外様大名《とざまだいみょう》　28
戸田采女正氏定《とだうねめのかみうじさだ》　61、68
(吉良《きら》)富子《とみこ》　272
「富森助右衛門口上書《とみのもりすけえもんこうじょうしょ》」　224
富森助右衛門正因《とみのもりすけえもんまさより》　112、162、175、199、208、222、232、244、271、281

【な】

内藤和泉守忠勝《ないとういずみのかみただかつ》　54
永井信濃守尚長《ながいしなののかみなおなが》　54
永井直敬《ながいなおひろ》　142
長柄《ながえ》の者《もの》　91
中嶋五郎作《なかじまごろさく》　194
中田利《なかたり》(理)平次《へいじ》　153、156、171、175、176
中村勘助正辰《なかむらかんすけまさたつ》　93、112、115、126、153、162、175、199、271、273、281
中村清右衛門《なかむらせいえもん》　45、112、153、171、175、176、178
中村忠三郎《なかむらちゅうざぶろう》　273
中屋敷《なかやしき》　48
(歩行組《かちぐみ》)並役人《なみやくにん》　91
南部坂《なんぶざか》雪《ゆき》の別《わか》れ　186

【に】

日本三大仇討《にほんさんだいあだう》ち　163
日本橋石町《にほんばしこくちょう》　169、174

【の】

「野本忠左衛門書面之写《のもとちゅうざえもんしょめんのうつし》」　219

【は】

陪臣《ばいしん》　28
拝領《はいりょう》　37
『白明話録《はくみょうわろく》』　264
羽倉斎《はくらいつき》　194、196

箱根神社《はこねじんじゃ》　145、147、162、163、164
間喜兵衛光延《はざまきひょうえみつのぶ》　113、153、156、175、177、199、271、281
間十次郎光興《はざまじゅうじろうみつおき》　113、153、156、168、175、177、188、199、204、222、224、270、281
間新六光風《はざましんろくみつかぜ》　113、168、175、177、199、268、270、281
橋本平左衛門《はしもとへいざえもん》　130、131
畠山下総守義寧《はたけやましもうさのかみよしやす》　240、250
肌脱《はだぬ》ぎ　268
旗本《はたもと》　27
蜂須賀飛驒守《はちすかひだのかみ》　33、117
林大学頭信篤《はやしだいがくのかみのぶあつ》　251
早水藤左衛門満堯《はやみとうざえもんみつたか》　60、112、153、162、175、199、271、281
原惣右衛門元辰《はらそうえもんもとたつ》　60、69、73、74、103、112、115、123、126、142、143、156、157、175、177、199、208、215、232、271、280、281
番頭《ばんがしら》　81
藩札《はんさつ》　64
藩士《はんし》　28

【ひ】

久永内記《ひさながないき》　259
『久松家赤穂御預人始末記《ひさまつけあこうおあずけにんしまつき》』　265
人前《ひとまえ》(がなる)　107、109、284
評定所《ひょうじょうしょ》　46、249
『評定所一座存寄書《ひょうじょうしょいちざぞんじよりがき》』　249
日傭取《ひようと》り　118
平川門《ひらかわもん》　29、30、33
平間村《ひらまむら》　163、164

【ふ】

分《ぶ》(お金の単位)　92
分《ぶ》(長さの単位)　26
武家諸法度《ぶけしょはっと》　77
武家伝奏《ぶけてんそう》　46、47
藤井又左衛門《ふじいまたざえもん》　46、69
普請《ふしん》　118
譜代大名《ふだいだいみょう》　28
扶持《ふち》　103
扶持方《ふちかた》　88
扶持米《ふちまい》　104
不了簡《ふりょうけん》　124、126
不破数右衛門正種《ふわかずえもんまさたね》　143、156、175、199、216、217、224、271、281

【へ】

閉門《へいもん》　46、48

【ほ】

細川越中守綱利《ほそかわえっちゅうのかみつなとし》　245、254
細川家《ほそかわけ》　33、47、245、255、257、264、267、268、271
『細川家御預始末記《ほそかわけおあずけしまつき》』　264
法華寺《ほっけじ》　273
堀内伝右衛門《ほりのうちでんえもん》　248
『堀部武庸筆記《ほりべたけつねひっき》』　62、122
堀部安兵衛武庸《ほりべやすびょうえたけつね》　62、80、82、83、94、109、112、114、115、121、123、127、142、143、174、

175、177、182、189、199、204、207、217、221、245、271、281
堀部弥兵衛金丸《ほりべやひょうえあきざね》　83、112、177、199、222、271、281
『堀部弥兵衛金丸私記《ほりべやひょうえあきざねしき》』　55、110
本所《ほんじょ》　115、136、174、175
本所相生町《ほんじょあいおいちょう》　118、173、174
本所徳右衛門町《ほんじょとくえもんちょう》　173、174、175、204
本所林町《ほんじょはやしちょう》　173、174、175、182、204
本所松坂町《ほんじょまつざかちょう》　117
本多孫太郎《ほんだまごたろう》　212

【ま】

前原伊助宗房《まえばらいすけむねふさ》　112、118、120、170、175、199、270、281
牧野春斎《まきのしゅんさい》　212
牧野長門守《まきのながとのかみ》　212
間瀬久太夫正明《ませきゅうだゆうまさあき》　93、103、113、143、153、156、175、177、199、271、273、275、281
間瀬定八《ませさだはち》　273、275
間瀬孫九郎正辰《ませまごくろうまさたつ》　113、153、156、168、175、177、199、270、275、281
抹香《まっこう》　233
松平隠岐守久定《まつだいらおきのかみひささだ》　121、245
松平家《まつだいらけ》　245、257、271
松平登之助《まつだいらのぼりのすけ》　117
(大石)松之丞《まつのじょう》　100、136、137
松《まつ》の(大《おお》)廊下《ろうか》　16、23、25、26、33
松《まつ》の廊下《ろうか》刃傷《にんじょう》事件《じけん》　18
円山会議《まるやまかいぎ》　143

【み】

水野家《みずのけ》　245、256、257、270
『水野家御預記録《みずのけおあずけきろく》』　265
水野監物忠之《みずのけんもつただゆき》　245
美作屋善兵衛《みまさかやぜんべえ》　119、120
三村次郎左衛門包常《みむらじろうざえもんかねつね》　113、153、162、175、199、270、281
名跡《みょうせき》　81、121

【む】

無足《むそく》　103
村松喜兵衛秀直《むらまつきひょうえひでなお》　112、175、177、199、270、273、276、281
村松三太夫高直《むらまつさんだゆうたかなお》　112、175、177、199、270、276、281
村松政右衛門《むらまつまさえもん》　273、276
室鳩巣《むろきゅうそう》　158

【め】

目付《めつけ》　29、38

【も】

毛利甲斐守綱元《もうりかいのかみつなもと》　245
毛利家《もうりけ》　245、256、257、268、270
毛利小平太《もうりこへいた》　156、170、173、175、197
持筒《もちづつ》　91
物頭《ものがしら》　100
門跡《もんぜき》　253

匁《もんめ》　65

【や】

役宅《やくたく》　45、47
安井《やすい》彦《ひこ》右《え》衛門《もん》　46、69、95
矢《や》田《だ》五《ご》郎《ろう》右《え》衛門助武《もんすけたけ》　175、199、222、271、277、281
矢《や》頭《とう》右《え》衛門《も》七《しち》教兼《のりかね》　111、112、153、156、175、180、199、270、281
矢頭長助《やとうちょうすけ》　88、93、111
柳沢吉保《やなぎさわよしやす》　252
柳《やなぎ》の間《ま》　22、23
矢《や》野《の》伊《い》助《すけ》　156、171
山科会議《やましなかいぎ》　126
山科郷西野《やましなごうにしの》山村《やまむら》　100
山田《やまだ》宗徧《そうへん》　194、195
山吉新八郎《やまよししんはちろう》　226、272
矢来《やらい》　173

【ゆ】

祐海《ゆうかい》　107、108

【よ】

瑤泉院《ようぜんいん》　45、116、144、273、280
用人《ようにん》　45
横川勘平宗利《よこかわかんぺいむねとし》　103、105、153、175、176、198、199、270、281
横目《よこめ》　191
吉田《よしだ》澤《さわ》右《え》衛門兼定《もんかねさだ》　106、113、153、156、175、177、199、270、275、281
吉田《よしだ》忠左《ちゅうざ》衛門兼亮《え もんかねすけ》　93、103、106、113、136、137、142、153、162、169、175、177、199、204、228、229、232、244、245、271、273、275、280、281
吉田《よしだ》伝内《でんない》　273、275
『米沢塩井《よねざわしおい》家《け》覚書《おぼえがき》』　216、219、229

【り】

(大石《おおいし》)りく　100、136、140、274
隆光大僧正《りゅうこうだいそうじょう》　107、108
両国橋詰《りょうごくばしづ》め　231、237

【る】

輪王寺門跡《りんのうじもんぜき》　253

留《る》守《す》居《い》番《ばん》　16、21
(大石《おおいし》)るり　100、136

【れ】

冷光院殿前少府朝散大夫吹毛玄利《れいこういんでんさきのしょうふちょうさんだゆうすいもうげんり》
　大居《だいこ》士《じ》　94、96、281
連座《れんざ》　276
連判状《れんぱんじょう》　150、151

【ろ】

老中《ろうじゅう》　25
老中奉書《ろうじゅうほうしょ》　259
籠城《ろうじょう》　67、73、81
路銀《ろぎん》　91

【わ】

脇坂淡路守安照《わきさかあわじのかみやすてる》　61、88

山本博文（やまもと・ひろふみ）
1957年、岡山県津山市生まれ。東京大学文学部国史学科卒業。文学博士。東京大学史料編纂所教授。1992年、『江戸お留守居役の日記』（読売新聞社、のちに講談社学術文庫）で第40回日本エッセイスト・クラブ賞を受賞。著書に、『決定版江戸散歩』（KADOKAWA）、『赤穂事件と四十六士』（吉川弘文館）、『現代語訳武士道』（ちくま新書）、『歴史をつかむ技法』（新潮新書）、『天皇125代と日本の歴史』（光文社新書）など多数。角川まんが学習シリーズ『日本の歴史』の全巻監修。NHK Eテレ「知恵泉」などテレビやラジオなどにも数多く出演。

東大教授《とうだいきょうじゅ》の「忠臣蔵《ちゅうしんぐら》」講義《こうぎ》

山本博文《やまもとひろふみ》

2017 年 12 月 10 日　初版発行
2025 年 4 月 25 日　4 版発行

◆◇◇

発行者　山下直久
発　行　株式会社KADOKAWA
〒102-8177　東京都千代田区富士見 2-13-3
電話　0570-002-301（ナビダイヤル）

装 丁 者　緒方修一（ラーフイン・ワークショップ）
ロゴデザイン　good design company
オビデザイン　Zapp!　白金正之
本文イラスト／八木泉美
DTP組版　森の印刷屋
印 刷 所　株式会社KADOKAWA
製 本 所　株式会社KADOKAWA

角川新書
　ISBN978-4-04-082216-7 C0221